300 formules et propriétés pour le Bac S

300 formules et propriétés pour le Bac S

Anne Chanet – Xavier Chanet

FIRST Editions

ISBN : 978-2-4120-2231-3
Dépôt légal : avril 2017
Imprimé en Italie

Correction : Anne-Lise Martin
Mise en page : KN Conception
Couverture : Olivier Frénot

Éditions First, un département d'Édi8
12, avenue d'Italie
75013 Paris – France
Tél. : 01 44 16 09 00
Fax : 01 44 16 09 01
E-mail : firstinfo@efirst.com
Site Internet : www.editionsfirst.fr

Sommaire

Introduction

Ce petit livre s'adresse principalement aux élèves de terminale S et vise à leur fournir un formulaire très complet de mathématiques et de sciences physiques afin de les aider à se préparer au mieux au baccalauréat. Il pourra être utilisé au jour le jour comme outil d'accompagnement efficace, permettant de retenir les notions et formules essentielles, que l'on soit en difficulté ou non.

Vous trouverez au total 15 chapitres exposant, de manière concise mais rigoureuse, tous les points du programme. De multiples exemples et exercices d'application corrigés illustrent des définitions et propriétés ; ils seront aussi précieux pour cerner les méthodes classiques de résolution de problèmes.

Cet ouvrage pourra également intéresser les élèves de terminale des autres séries, les parents, mais aussi les enseignants, qui pourront tirer profit en classe de ce formulaire au gré de leurs pratiques pédagogiques.

PARTIE 1
Mathématiques

Notation : Dans toute cette partie, pour toute fonction f nous noterons C_f sa représentation graphique dans un repère du plan.

Chapitre 1
SUITES ET RÉCURRENCE

1.1 Suite arithmétique et suite géométrique

Définition : Une suite (u_n) est dite **arithmétique** si on passe d'un terme de cette suite au suivant en ajoutant toujours le même nombre r (appelé **raison** de la suite) :
$\forall n \geq 0,\ u_{n+1} = u_n + r$

Propriété : Si (u_n) est une suite arithmétique de raison r, alors :

- $\forall n \geq 0,\ u_n = u_0 + nr$
- $\forall n \geq 1,\ u_n = u_1 + (n-1)r$
- $\forall n \geq 2,\ u_n = u_2 + (n-2)r$
- etc.

Propriété : Si S est une somme de termes consécutifs d'une suite arithmétique, alors on a :

$$S = \text{Nombre de termes} \times \frac{1^{\text{er}}\ \text{terme} + \text{dernier terme}}{2}$$

Cas particuliers : Si (u_n) est une suite arithmétique, alors :

- $\forall n \geq 0,\ u_0 + u_1 + \ldots + u_n = (n+1)\dfrac{u_0 + u_n}{2}$
- $\forall n \geq 1,\ u_1 + u_2 + \ldots + u_n = n\dfrac{u_1 + u_n}{2}$

Conséquence importante :

$$\forall n \geq 1,\ \ 1+2+3+...+n = \frac{n(n+1)}{2}$$

Exemple : Si (u_n) est la suite arithmétique de premier terme $u_0 = 3$ et de raison $r = -5$, alors :

$\forall n \geq 0,\ \ u_n = u_0 + nr = 3 - 5n$

$$u_0 + u_1 + ... + u_{10} = 11 \times \frac{u_0 + u_{10}}{2} = 11 \times \frac{3+(3-5\times 10)}{2} = 11 \times \frac{-44}{2} = -242$$

Définition : Une suite (u_n) est dite **géométrique** si on passe d'un terme de cette suite au suivant en multipliant toujours par le même nombre q (appelé **raison** de la suite) : $\forall n \geq 0,\ \ u_{n+1} = q \times u_n$

Propriété : Si (u_n) est une suite géométrique de raison q, alors :

- $\forall n \geq 0,\ \ u_n = u_0 \times q^n$
- $\forall n \geq 1,\ \ u_n = u_1 \times q^{n-1}$
- $\forall n \geq 2,\ \ u_n = u_2 \times q^{n-2}$
- etc.

Propriété : Si S est une somme de termes consécutifs d'une suite géométrique de raison différente de 1, alors on a :

$$S = \text{premier terme} \times \frac{\text{1-raison}^{\text{nombre de termes}}}{\text{1-raison}}$$

Cas particuliers : Si (u_n) est une suite géométrique de raison $q \neq 1$, alors :

- $\forall n \geq 0,\ u_0 + u_1 + ... + u_n = u_0 \times \dfrac{1 - q^{n+1}}{1 - q}$
- $\forall n \geq 1,\ u_1 + u_2 + ... + u_n = u_1 \times \dfrac{1 - q^{n}}{1 - q}$

Conséquence importante : Si $q \neq 1$, alors : $\forall n \geq 0,\ 1 + q + q^2 + ... + q^n = \dfrac{1 - q^{n+1}}{1 - q}$

Exercice d'application : Soit (u_n) et (v_n) les suites définies par $u_0 = -3$ et pour tout entier $n \geq 0$ par $u_{n+1} = 3u_n + 10$ et $v_n = u_n + 5$. Montrer que la suite (v_n) est géométrique et en déduire l'expression de v_n puis de u_n.

Corrigé :

$$v_{n+1} = u_{n+1} + 5 = 3u_n + 10 + 5 = 3u_n + 15 = 3(u_n + 5) = 3v_n$$

La suite (v_n) est donc géométrique de raison 3. Son premier terme est $v_0 = u_0 + 5 = -3 + 5 = 2$.

On a donc :

$\forall n \geq 0,\ v_n = v_0 \times 3^n = 2 \times 3^n$ et $u_n = v_n - 5 = 2 \times 3^n - 5$.

1.2 Raisonnement par récurrence

Propriété : Soit n_0 un entier naturel et P_n une propriété dépendant de $n \geq n_0$.

- Si P_{n_0} est vraie (**Initialisation**),
- et si pour tout entier $n \geq n_0$, $P_n \Rightarrow P_{n+1}$ (**Hérédité**),

alors pour tout entier $n \geq n_0$, P_n est vraie.

Exemple : Montrons par récurrence que pour tout entier $n \geq 1$, $P_n : 1+2+3+...+n = \dfrac{n(n+1)}{2}$

- P_1 est vraie, car $1 = \dfrac{1 \times (1+1)}{2}$.
- Soit $n \geq 1$, supposons P_n vraie, montrons que P_{n+1} l'est aussi : $1+2+3+...+n+(n+1) = \dfrac{(n+1)(n+2)}{2}$

  $1+2+3+...+n+(n+1) = \dfrac{n(n+1)}{2} + (n+1)$

  (car P_n est vraie)

  $= \dfrac{n(n+1)}{2} + \dfrac{2(n+1)}{2} = \dfrac{(n+2)(n+1)}{2}$, donc P_{n+1} est vraie.

Conclusion : pour tout entier $n \geq 1$, on a $1+2+3+...+n = \dfrac{n(n+1)}{2}$.

1.3 Majoration et minoration

Définition : Une suite (u_n) est dite :

- **majorée** s'il existe un réel M tel que pour tout entier n, $u_n \leq M$;
- **minorée** s'il existe un réel m tel que pour tout entier n, $u_n \geq m$;
- **bornée** si elle est minorée et majorée.

Exemple : La suite (u_n) définie par $u_n = (-1)^n$ est bornée. En effet, pour tout $n \geq 0$, $(-1)^n = \pm 1$, donc $-1 \leq u_n \leq 1$. Cette suite est minorée par -1 et majorée par 1, elle est donc bornée.

Remarque : Une suite majorée par un réel M l'est aussi par tout réel supérieur à M. De même, une suite minorée par un réel m l'est aussi par tout réel inférieur à m.

1.4 Limite d'une suite

Définitions : On dit qu'une suite (u_n) a pour limite :

- un réel L lorsque tout intervalle ouvert contenant L contient tous les u_n à partir d'un certain rang. On écrit alors $\lim\limits_{n \to +\infty} u_n = L$.

- $+\infty$ (resp. $-\infty$) lorsque tout intervalle ouvert de la forme $]A;+\infty[$ (resp. $]-\infty;A[$) contient tous les u_n à partir d'un certain rang. On écrit alors $\lim\limits_{n\to+\infty} u_n = +\infty$ (resp. $\lim\limits_{n\to+\infty} u_n = -\infty$).

Remarque : Il existe des suites n'admettant ni limite finie ni limite infinie, par exemple la suite (u_n) définie par $u_n = (-1)^n$.

Définition : Lorsqu'une suite admet une limite finie L, on dit qu'elle **converge** (vers L), sinon on dit qu'elle **diverge**.

Exemple : Parmi les suites (u_n), (v_n) et (w_n) définies par $u_n = \dfrac{1}{n}$, $v_n = n^2$ et $w_n = (-1)^n$, seule la suite (u_n) converge (vers 0).

1.5 Opérations sur les limites

Propriété : $\lim\limits_{n\to+\infty} \sqrt{n} = \lim\limits_{n\to+\infty} n = \lim\limits_{n\to+\infty} n^2 = \lim\limits_{n\to+\infty} n^3 = ... = +\infty$

Propriété : On considère deux suites (u_n) et (v_n) ainsi que deux réels L et L'. Les tableaux suivants donnent, lorsqu'il ne s'agit pas de **formes indéterminées** (F.I.), les limites des suites $(u_n + v_n)$, $(u_n \times v_n)$ et $\left(\dfrac{u_n}{v_n}\right)$.

$\lim\limits_{n\to+\infty} u_n$	$\lim\limits_{n\to+\infty} v_n$	$\lim\limits_{\to+\infty} \left(u_n + v_n\right)$	$\lim\limits_{n\to+\infty} \left(u_n \times v_n\right)$
L	L'	$L + L'$	$L \times L'$
$L > 0$	$+\infty$	$+\infty$	$+\infty$
$L > 0$	$-\infty$	$-\infty$	$-\infty$
$L < 0$	$+\infty$	$+\infty$	$-\infty$
$L < 0$	$-\infty$	$-\infty$	$+\infty$
0	$+\infty$	$+\infty$	F.I.
0	$-\infty$	$-\infty$	F.I.
$+\infty$	$+\infty$	$+\infty$	$+\infty$
$+\infty$	$-\infty$	F.I.	$-\infty$
$-\infty$	$-\infty$	$-\infty$	$+\infty$

$\lim\limits_{n\to+\infty} u_n$	$\lim\limits_{n\to+\infty} v_n$	$\lim\limits_{n\to+\infty} \dfrac{u_n}{v_n}$
L	$L' \neq 0$	L / L'
L	$\pm\infty$	0
$L > 0$	0^+	$+\infty$
$L > 0$	0^-	$-\infty$

$\lim\limits_{n\to+\infty} u_n$	$\lim\limits_{n\to+\infty} v_n$	$\lim\limits_{n\to+\infty} \frac{u_n}{v_n}$
$L<0$	0^+	$-\infty$
$L<0$	0^-	$+\infty$
0	0	F.I.
$\pm\infty$	$\pm\infty$	F.I.

Exemple : Détermination $A = \lim\limits_{n\to+\infty} \frac{n^2+2n-4}{3n+1}$ (F.I. du type $+\infty$ / $+\infty$).

$$A = \lim_{n\to+\infty} \frac{n^2\left(1+\frac{2}{n}-\frac{4}{n^2}\right)}{n\left(3+\frac{1}{n}\right)} = \lim_{n\to+\infty} n\left(\frac{1+\frac{2}{n}-\frac{4}{n^2}}{3+\frac{1}{n}}\right);$$

$\lim\limits_{n\to+\infty} n^2 = \lim\limits_{n\to+\infty} n = +\infty$, alors par quotient

$$\lim_{n\to+\infty} \frac{2}{n} = \lim_{n\to+\infty} \frac{-4}{n^2} = \lim_{n\to+\infty} \frac{1}{n} = 0,$$

d'où $\lim\limits_{n\to+\infty} \left(\frac{1+\frac{2}{n}-\frac{4}{n^2}}{3+\frac{1}{n}}\right) = \frac{1}{3}$, et puisque $\lim\limits_{n\to+\infty} n = +\infty$, par produit on a $\lim\limits_{n\to+\infty} n\left(\dfrac{1+\dfrac{2}{n}-\dfrac{4}{n^2}}{3+\dfrac{1}{n}}\right)=+\infty$,

c'est-à-dire $A=+\infty$.

1.6 Propriétés des limites

Propriété (comparaison des limites) : Soit (u_n) et (v_n) deux suites telles qu'à partir d'un certain rang, $u_n \leq v_n$.

- Si $\lim\limits_{n\to+\infty} u_n = +\infty$, alors $\lim\limits_{n\to+\infty} v_n = +\infty$.
- Si $\lim\limits_{n\to+\infty} v_n = -\infty$, alors $\lim\limits_{n\to+\infty} u_n = -\infty$.

Exemple : Détermination de $\lim\limits_{n\to+\infty}\left(n+(-1)^n\right)$: pour tout entier naturel n, on a $(-1)^n=\pm 1$, donc $-1\leq(-1)^n\leq 1$, d'où $n-1\leq n+(-1)^n\leq n+1$; or $\lim\limits_{n\to+\infty}(n-1)=+\infty$, donc par comparaison, $\lim\limits_{n\to+\infty}\left(n+(-1)^n\right)=+\infty$.

Propriété : Soit $q\in\mathbb{R}$. Alors :

$$\lim_{n\to+\infty} q^n = \begin{cases} +\infty & \text{si } q>1 \\ 1 & \text{si } q=1 \\ 0 & \text{si } -1<q<1 \\ \text{n'existe pas si } q\leq -1 \end{cases}$$

Exemple : Détermination de $\lim\limits_{n \to +\infty} \left(2 \times 3^n - 5^n\right)$ (F.I. du type $+\infty + (-\infty)$) :

$$\lim_{n \to +\infty} \left(2 \times 3^n - 5^n\right) = \lim_{n \to +\infty} 5^n \left(2 \times \frac{3^n}{5^n} - 1\right) = \lim_{n \to +\infty} 5^n \left(2 \times \left(\frac{3}{5}\right)^n - 1\right)$$

$\lim\limits_{n \to +\infty} \left(\frac{3}{5}\right)^n = 0$ (car $-1 < \frac{3}{5} < 1$),

donc $\lim\limits_{n \to +\infty} \left(2 \times \left(\frac{3}{5}\right)^n - 1\right) = -1$, de plus $\lim\limits_{n \to +\infty} 5^n = +\infty$ (car $5 > 1$), donc par produit, $\lim\limits_{n \to +\infty} 5^n \left(2 \times \left(\frac{3}{5}\right)^n - 1\right) = -\infty$.

Propriété (théorème des gendarmes) : Soit (u_n), (v_n) et (w_n) trois suites et L un réel. Si, à partir d'un certain rang, $v_n \leq u_n \leq w_n$ et si $\lim\limits_{n \to +\infty} v_n = \lim\limits_{n \to +\infty} w_n = L$, alors $\lim\limits_{n \to +\infty} u_n = L$.

Exemple : Détermination de $\lim\limits_{n \to +\infty} \dfrac{\cos(n)}{n}$: pour tout entier $n > 0$, $-1 \leq \cos(n) \leq 1$, donc $\dfrac{-1}{n} \leq \dfrac{\cos(n)}{n} \leq \dfrac{1}{n}$; or $\lim\limits_{n \to +\infty} \dfrac{-1}{n} = \lim\limits_{n \to +\infty} \dfrac{1}{n} = 0$, donc d'après le théorème des gendarmes, on a $\lim\limits_{n \to +\infty} \dfrac{\cos(n)}{n} = 0$.

Propriété (théorème de convergence monotone) :

Soit (u_n) une suite croissante (resp. décroissante). Si (u_n) est majorée (resp. minorée), alors elle converge, sinon $\lim\limits_{n \to +\infty} u_n = +\infty$ (resp. $\lim\limits_{n \to +\infty} u_n = -\infty$).

Exemple : Soit (u_n) la suite définie par : $u_0 = 0$; $u_1 = 0{,}1$; $u_2 = 0{,}12$; $u_3 = 0{,}123$; … ; $u_{12} = 0{,}123456789101112$; etc. Cette suite est croissante (par construction) et majorée (par 1), donc d'après le théorème de convergence monotone, elle converge.

Chapitre 2
FONCTIONS

2.1 Limites de fonctions

Exemple et définitions : On considère la fonction f représentée ci-dessous.

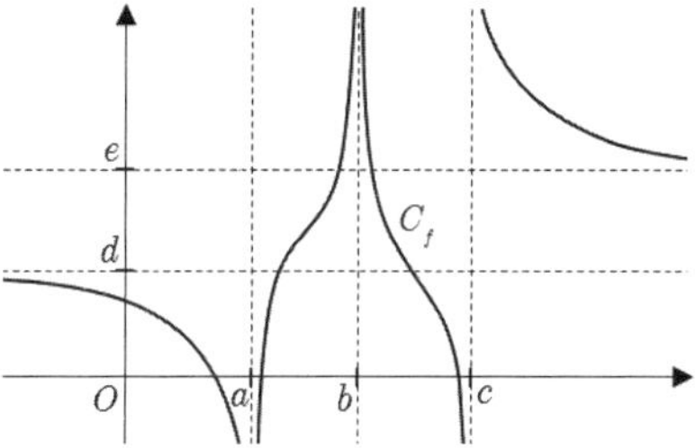

On dit que f admet pour limite :

- d en $-\infty$ et on note $\lim\limits_{x \to -\infty} f(x) = d$
- e en $+\infty$ et on note $\lim\limits_{x \to +\infty} f(x) = e$
- $-\infty$ en a et on note $\lim\limits_{x \to a} f(x) = -\infty$
- $+\infty$ en b et on note $\lim\limits_{x \to b} f(x) = +\infty$
- $-\infty$ en c^- et on note $\lim\limits_{x \to c^-} f(x) = -\infty$
- $+\infty$ en c^+ et on note $\lim\limits_{x \to c^+} f(x) = +\infty$

On dit que les droites d'équations $y = d$ et $y = e$ sont des **asymptotes horizontales** à C_f en $-\infty$ et $+\infty$

respectivement, et que les droites d'équations $x = a$, $x = b$ et $x = c$ sont des **asymptotes verticales** à C_f.

Propriété : $\lim\limits_{x \to +\infty} \sqrt{x} = \lim\limits_{x \to +\infty} x = \lim\limits_{x \to +\infty} x^2 = \lim\limits_{x \to +\infty} x^3 = ... = +\infty$

Propriété : On considère f et g deux fonctions et a un réel ou $\pm\infty$, ainsi que L et L' deux réels. Les tableaux suivants donnent, lorsqu'il ne s'agit pas de formes indéterminées, les limites lorsque x tend vers a de $f(x) + g(x)$, $f(x) \times g(x)$ et $\frac{f(x)}{g(x)}$.

$\lim\limits_{x \to a} f(x)$	$\lim\limits_{x \to a} g(x)$	$\lim\limits_{x \to a} (f(x) + g(x))$	$\lim\limits_{x \to a} (f(x) \times g(x))$
L	L'	$L + L'$	$L \times L'$
$L > 0$	$+\infty$	$+\infty$	$+\infty$
$L > 0$	$-\infty$	$-\infty$	$-\infty$
$L < 0$	$+\infty$	$+\infty$	$-\infty$
$L < 0$	$-\infty$	$-\infty$	$+\infty$
0	$+\infty$	$+\infty$	F.I.
0	$-\infty$	$-\infty$	F.I.
$+\infty$	$+\infty$	$+\infty$	$+\infty$
$+\infty$	$-\infty$	F.I.	$-\infty$
$-\infty$	$-\infty$	$-\infty$	$+\infty$

$\lim\limits_{x \to a} f(x)$	$\lim\limits_{x \to a} g(x)$	$\lim\limits_{n \to +\infty} \frac{u_n}{v_n}$
L	$L' \neq 0$	L / L'
L	$\pm\infty$	0
$L > 0$	0^+	$+\infty$
$L > 0$	0^-	$-\infty$
$L < 0$	0^+	$-\infty$
$L < 0$	0^-	$+\infty$
0	0	F.I.
$\pm\infty$	$\pm\infty$	F.I.

Exemple : Détermination de $\lim\limits_{x \to 3^+} \frac{7}{-2x+6}$: si $x = 3$, alors $-2x + 6 = 0$, et si $x > 3$, alors $-2x + 6 < 0$, d'où $\lim\limits_{x \to 3^+}(-2x + 6) = 0^-$. Donc par quotient, $\lim\limits_{x \to 3^+} \frac{7}{-2x+6} = -\infty$.

Propriété (composition des limites) : Soit a, b et c des réels ou $\pm\infty$ et f, g deux fonctions. Si $\lim\limits_{x \to a} f(x) = b$ et $\lim\limits_{x \to b} g(x) = c$, alors $\lim\limits_{x \to a} g(f(x)) = c$.

Exemple : Détermination de $\lim\limits_{x \to -\infty} \sqrt{2x^2+3}$: $\lim\limits_{x \to -\infty} x^2 = +\infty$, donc $\lim\limits_{x \to -\infty} (2x^2+3) = +\infty$; or $\lim\limits_{X \to +\infty} \sqrt{X} = +\infty$, donc par composition $\lim\limits_{x \to -\infty} \sqrt{2x^2+3} = +\infty$.

Propriété (comparaison des limites) : Soit a un réel ou $\pm\infty$, et f, g des fonctions. Si au voisinage de a :

- $f(x) \leq g(x)$ et si $\lim\limits_{x \to a} f(x) = +\infty$, alors $\lim\limits_{x \to a} g(x) = +\infty$.
- $f(x) \leq g(x)$ et si $\lim\limits_{x \to a} g(x) = -\infty$, alors $\lim\limits_{x \to a} f(x) = -\infty$.

Exemple : Détermination de $\lim\limits_{x \to +\infty} \big(x + \sin(x)\big)$: pour tout $x \in \mathbb{R}$, on a $-1 \leq \sin(x) \leq 1$, donc $x - 1 \leq x + \sin(x) \leq x + 1$. Or $\lim\limits_{x \to +\infty} (x-1) = +\infty$, donc par comparaison, $\lim\limits_{x \to +\infty} \big(x + \sin(x)\big) = +\infty$.

Propriété (théorème des gendarmes) : Soit a un réel ou $\pm\infty$, et f, g, h des fonctions, ainsi que L un réel. Si au voisinage de a, $f(x) \leq g(x) \leq h(x)$ et si $\lim\limits_{x \to a} f(x) = \lim\limits_{x \to a} h(x) = L$, alors $\lim\limits_{x \to a} g(x) = L$.

2.2 Continuité

Définition : Soit a un réel et f une fonction définie sur intervalle I contenant a. On dit que f est **continue** en a si $\lim\limits_{x \to a} f(x) = f(a)$. On dit que f est continue sur I si elle est continue en tout réel de I.

Exemples :

- La fonction carré $x \mapsto x^2$ est continue sur $\mathbb{R}$, car pour tout réel a, on a $\lim\limits_{x \to a} x^2 = a^2$.
- La fonction partie entière E est définie sur $\mathbb{R}$ par $E(x) = \textit{partie entière de } x$ (par exemple $E(4{,}67) = 4$, $E(19) = 19$ et $E(-6{,}374) = -7$) ; E n'est pas continue sur $\mathbb{R}$, car elle est discontinue en tout $n \in \mathbb{Z}$: en effet, $\lim\limits_{x \to n^-} E(x) = n - 1$, $\lim\limits_{x \to n^+} E(x) = n$ et $E(n) = n$, on ne peut donc pas avoir $\lim\limits_{x \to n} E(x) = E(n)$.

Propriété : Les fonctions polynômes, valeur absolue, racine carrée, ainsi que toute fonction obtenue à partir de celles-ci par somme, produit, quotient et composition, sont continues sur tout intervalle inclus dans leurs ensembles de définition.

Exemple : La fonction $x \mapsto \left|4x - 1\right| + x\sqrt{x^2 + 2}$ est continue sur $\mathbb{R}$.

Propriété (théorème des valeurs intermédiaires) : Soit f une fonction continue sur un intervalle $[a;b]$ avec $a < b$. Alors pour tout réel k compris entre $f(a)$ et $f(b)$, il existe $x_0 \in [a;b]$ tel que $f(x_0) = k$.

Exemple : L'équation $x^4 - 4x^3 + 2 = 0$ admet dans $[0;1]$ au moins une solution. En effet, la fonction $f : x \mapsto x^4 - 4x^3 + 2$ est une fonction polynôme, elle est donc continue sur $[0;1]$.

De plus $f(0) = 2 > 0$ et $f(1) = -1 < 0$, donc d'après le théorème des valeurs intermédiaires, l'équation $f(x) = 0$ admet au moins une solution dans $[0;1]$, d'où le résultat.

Propriété (corollaire du théorème des valeurs intermédiaires) : Soit f une fonction continue et strictement monotone sur un intervalle $[a;b]$ avec $a < b$. Alors pour tout réel k compris entre $f(a)$ et $f(b)$, il existe un unique réel $x_0 \in [a;b]$ tel que $f(x_0) = k$.

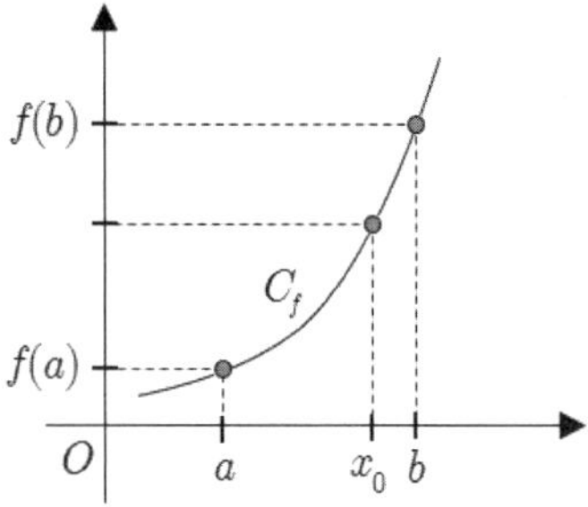

Remarque : On peut utiliser le théorème des valeurs intermédiaires et son corollaire sur des intervalles du type $]a;b[$, $[a;b[$ ou $]a;b]$ par le biais des limites.

Exemple : L'équation $x^3 + 2x + 2 = 0$ admet dans $\mathbb{R}$ une unique solution. En effet, la fonction $f : x \mapsto x^3 + 2x + 2$ est une fonction polynôme, elle est donc continue et dérivable sur $\mathbb{R}$. Pour tout $x \in \mathbb{R}$, $f'(x) = 3x^2 + 2 > 0$, car $x^2 \geq 0$. La fonction f est donc strictement croissante sur $\mathbb{R}$. De plus on montre que $\lim_{x \to -\infty} f(x) = -\infty$ et $\lim_{x \to +\infty} f(x) = +\infty$, donc d'après le corollaire du théorème des valeurs intermédiaires, l'équation $f(x) = 0$ admet dans $\mathbb{R}$ une unique solution, d'où le résultat.

Convention : Dans un tableau de variation, les flèches de variation indiquent la continuité de la fonction sur l'intervalle correspondant.

2.3 Dérivation

Définition : Soit f une fonction définie sur un intervalle I.

- On dit que f est **dérivable** en $a \in I$ lorsque $\lim_{h \to 0} \frac{f(a+h) - f(a)}{h}$ existe et est finie. Cette limite est alors appelée **nombre dérivé** de f en a, et on la note $f'(a)$.
- On dit que f est dérivable sur I lorsque f est dérivable en tout $a \in I$.

Remarque : Si f est dérivable en a, $f'(a)$ est le coefficient directeur de la tangente à C_f au point d'abscisse a. Une équation de cette tangente est alors : $y = f(a) + f'(a)(x - a)$.

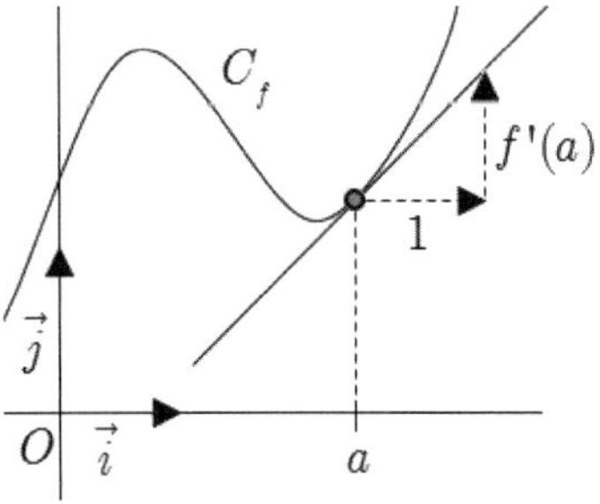

Rappels : Soit $k \in \mathbb{R}$ et u, v des fonctions dérivables sur un intervalle I.

- Si $u' > 0$ (resp. $u' < 0$) sur I, sauf éventuellement en des valeurs isolées, alors u est strictement croissante (resp. décroissante) sur I.
- $u + v$ est dérivable sur I et $(u + v)' = u' + v'$.
- ku est dérivable sur I et $(ku)' = ku'$.
- uv est dérivable sur I et $(uv)' = u'v + uv'$.
- Si v ne s'annule pas sur I, alors $\frac{u}{v}$ est dérivable sur I et $\left(\frac{u}{v}\right)' = \frac{u'v - uv'}{v^2}$.

Propriété : Soit u une fonction dérivable sur un intervalle I, et $n \in \mathbb{Z}$.

- $\sqrt{u}$ est alors dérivable en tout $x \in I$ tel que $u(x) > 0$ et $(\sqrt{u})' = \dfrac{u'}{2\sqrt{u}}$.
- Si $n > 0$ (resp. $n < 0$), alors u^n est dérivable sur I (resp. en tout $x \in I$ tel que $u(x) \neq 0$) et $(u^n)' = nu^{n-1}u'$.
- Si a et b sont des réels et J un intervalle tel que, pour tout $x \in J$, $ax + b \in I$, alors la fonction f définie par $f(x) = u(ax + b)$ est dérivable sur J et $f'(x) = au'(ax + b)$.

Exemples :

- Si $f(x) = \sqrt{3x^2 + x + 2}$, alors $f'(x) = \dfrac{6x + 1}{2\sqrt{3x^2 + x + 2}}$.
- Si $g(x) = (2x - 7)^6$, alors $g'(x) = 6(2x - 7)^5 \times 2 = 12(2x - 7)^5$.

Propriété : Si f est une fonction dérivable en un réel a, alors elle est continue en a.

Remarque : La fonction racine carrée est continue sur $[0; +\infty[$ mais n'est dérivable que sur $]0; +\infty[$.

2.4 Fonctions sin et cos

Définition : La **fonction cosinus** (resp. **sinus**), notée cos (resp. sin), est définie sur $\mathbb{R}$. Elle associe à tout réel x l'abscisse (resp. l'ordonnée) du point M du cercle trigonométrique associé à x.

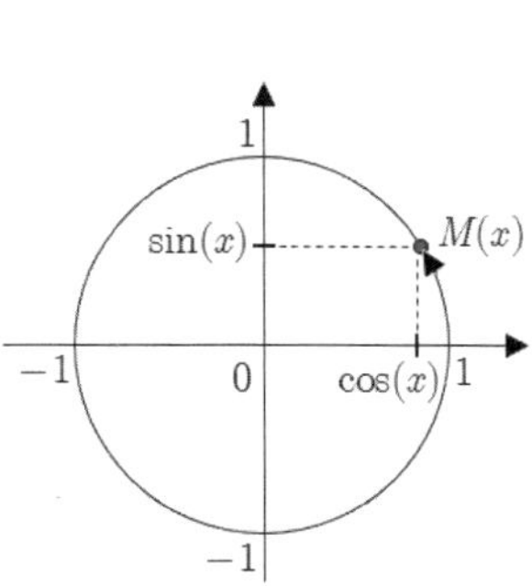

Propriété : Pour tous $x, a, b \in \mathbb{R}$:

- $\cos^2(x) + \sin^2(x) = 1$
- $-1 \leq \cos(x) \leq 1$; $-1 \leq \sin(x) \leq 1$
- $\cos(x + 2\pi) = \cos(x)$ et $\sin(x + 2\pi) = \sin(x)$ (les fonctions sin et cos sont dites 2π- **périodiques**)
- $\cos(-x) = \cos(x); \sin(-x) = -\sin(x)$(les fonctions cos et sin sont respectivement dites **paire** et **impaire**)
- $\cos(x + \pi) = -\cos(x)$; $\sin(x + \pi) = -\sin(x)$; $\sin(\pi - x) = \sin(x)$; $\cos(\pi - x) = -\cos(x)$; $\cos\left(\frac{\pi}{2} - x\right) = \sin(x)$; $\sin\left(\frac{\pi}{2} - x\right) = \cos(x)$

- $\sin(2x) = 2\sin(x)\cos(x)$; $\cos(2x) = \cos^2(x) - \sin^2(x)$ (formules de duplication)
- $\sin(a+b) = \sin(a)\cos(b) + \sin(b)\cos(a)$;
  $\cos(a+b) = \cos(a)\cos(b) - \sin(a)\sin(b)$ (formules d'addition)

Propriété : Les fonctions sin et cos sont dérivables sur $\mathbb{R}$ et on a :

- $\sin' = \cos$
- $\cos' = -\sin$

Exemples :

- Si $f(x) = \tan(x) = \dfrac{\sin(x)}{\cos(x)}$, alors

  $$f'(x) = \frac{\sin'(x)\cos(x) - \sin(x)\cos'(x)}{\cos^2(x)}$$

  $$= \frac{\cos^2(x) + \sin^2(x)}{\cos^2(x)} = \frac{1}{\cos^2(x)}.$$
- Si $g(x) = \cos^4(x)$, alors
  $g'(x) = 4\cos^3(x)\cos'(x) = -4\cos^3(x)\sin(x)$.
- Si $h(x) = \sin(3x-4)$, alors
  $h'(x) = 3\sin'(3x-4) = 3\cos(3x-4)$.

Tableaux de variations sur $[0;\pi]$:

x	0		$\frac{\pi}{2}$		π
$\sin(x)$	0	↗	1	↘	0

x	0		π
$\cos(x)$	1	↘	-1

Courbes représentatives :

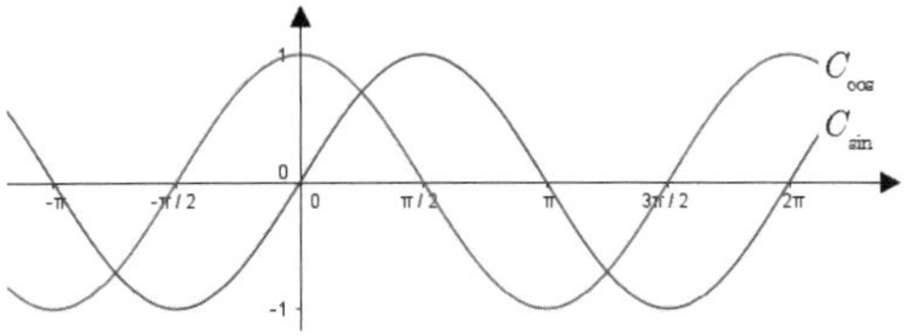

Remarque : Les fonctions sin et cos n'ont pas de limites en $-\infty$ et en $+\infty$.

Chapitre 3
NOMBRES COMPLEXES

3.1 Généralités

Propriété et définitions : En ajoutant à $\mathbb{R}$ un nombre imaginaire noté i tel que $i^2 = -1$, après additions, soustractions, multiplications et divisions successives de ces nouveaux nombres (suivant les règles usuelles), on obtient un nouvel ensemble de nombres noté $\mathbb{C}$ et appelé ensemble des **nombres complexes**.

Tout nombre complexe z peut s'écrire de manière unique sous la forme $z = a + ib$ (dite **forme algébrique**) où $a, b \in \mathbb{R}$. Le réel a est appelé **partie réelle** de z et est noté $\mathrm{Re}(z)$. Le réel b est appelé **partie imaginaire** de z et est noté $\mathrm{Im}(z)$.

Exemple : $\mathrm{Re}(3-4i) = 3$; $\mathrm{Im}(3-4i) = -4$

Exercice d'application : Mettre $z_1 = (1+3i)(5-i)$ et $z_2 = \dfrac{3-i}{1+2i}$ sous forme algébrique.

$$z_1 = (1+3i)(5-i) = 5 - i + 15i - 3i^2 = 5 + 14i + 3 = 8 + 14i$$

$$z_2 = \frac{3-i}{1+2i} = \frac{(3-i)(1-2i)}{(1+2i)(1-2i)} = \frac{3-6i-i+2i^2}{1-4i^2} = \frac{1-7i}{5} = \frac{1}{5} - \frac{7}{5}i$$

Définition : Un nombre complexe z est dit **imaginaire pur** lorsqu'il peut s'écrire sous la forme ib avec $b \in \mathbb{R}$.

Exemple : $i\sqrt{2}$ et $-5i$ sont des imaginaires purs.

Propriété : Pour tout $z \in \mathbb{C}$:

- z est imaginaire pur $\Leftrightarrow \text{Re}(z) = 0$
- $z \in \mathbb{R} \Leftrightarrow \text{Im}(z) = 0$

Définitions (représentation des nombres complexes) : On munit le plan d'un repère orthonormé direct $(O;\vec{u},\vec{v})$. À tout nombre complexe $z = a + ib$ (avec $a,b \in \mathbb{R}$) on associe le point $M(a;b)$ et le vecteur $\vec{w}\begin{pmatrix} a \\ b \end{pmatrix}$.

M est appelé **le point image** de z et $\vec{w}$ le **vecteur image** de z. On dit que z est **l'affixe** de M et de $\vec{w}$. On note $z_{\vec{w}}$ l'affixe d'un vecteur $\vec{w}$, z_M celui d'un point M, $M(z)$ pour indiquer que M a pour affixe z et $\vec{w}(z)$ pour indiquer que $\vec{w}$ a pour affixe z.

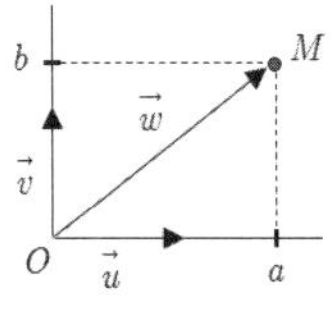

3.2 Conjugué

Définition : Soit $z = a + ib$ un nombre complexe (avec $a, b \in \mathbb{R}$). On appelle **conjugué** de z le nombre complexe noté $\overline{z}$ défini par $\overline{z} = a - ib$.

Exemple : Si $z = 5 - 4i$, alors $\overline{z} = 5 + 4i$.

Remarque : Si $z \in \mathbb{C}$, $M(z)$ et $M'\left(\overline{z}\right)$ sont symétriques par rapport à l'axe des abscisses.

Propriétés : Pour tous $z, z' \in \mathbb{C}$ et $n \in \mathbb{N}$:

- $\overline{z + z'} = \overline{z} + \overline{z'}$
- $\overline{z \times z'} = \overline{z} \times \overline{z'}$
- $\overline{z^n} = \left(\overline{z}\right)^n$
- $\overline{\left(\dfrac{z}{z'}\right)} = \dfrac{\overline{z}}{\overline{z'}}$ (si $z' \neq 0$)

3.3 Module et argument

Définition : Soit $z = a + ib \in \mathbb{C}$ (avec $a, b \in \mathbb{R}$). On appelle **module** de z le réel positif noté $\left|z\right|$ défini par $\left|z\right| = \sqrt{a^2 + b^2}$.

Exemple : Si $z = 5 - 4i$, alors $\left|z\right| = \sqrt{5^2 + (-4)^2} = \sqrt{41}$.

Remarque : Si $M(z)$ et $\vec{w}(z)$, alors $\left|z\right| = OM = \left\|\vec{w}\right\|$.

Propriétés : Pour tous $z, z' \in \mathbb{C}$:

- $|z|^2 = z\bar{z} = a^2 + b^2$ (si $z = a + ib$ avec $a, b \in \mathbb{R}$)
- $|\bar{z}| = |z|$
- $|z + z'| \leq |z| + |z'|$
- $|z \times z'| = |z| \times |z'|$
- $|z^n| = |z|^n$
- $\left|\dfrac{z}{z'}\right| = \dfrac{|z|}{|z'|}$ (si $z' \neq 0$)

Définition : Soit $z \in \mathbb{C} \setminus \{0\}$ et $M(z)$. On appelle **argument** de z toute mesure θ de l'angle orienté $(\vec{u}; \overrightarrow{OM})$.
On note : $\arg(z) = \theta + 2k\pi$ $(k \in \mathbb{Z})$ ou $\arg(z) = \theta$ $[2\pi]$

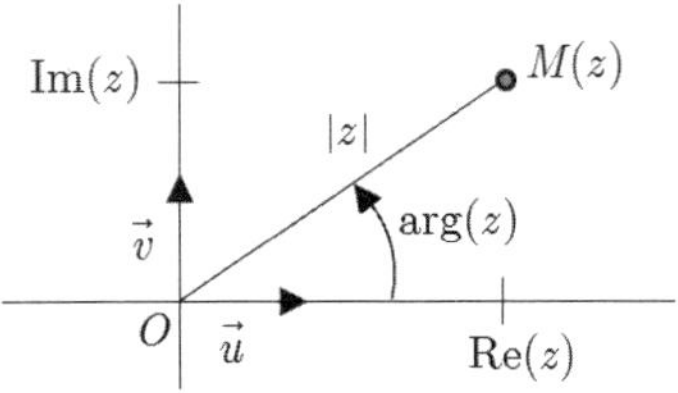

Exemples : $\arg(i) = \dfrac{\pi}{2}[2\pi]$; $\arg(1) = 0[2\pi]$

3.4 Formes trigonométrique et exponentielle

Notation : Pour tout $\theta \in \mathbb{R}$ on note $e^{i\theta} = \cos(\theta) + i\sin(\theta)$.

Remarque et définitions : Tout nombre complexe non nul z peut s'écrire sous la forme $z = |z|\big(\cos(\theta) + i\sin(\theta)\big)$ où θ est un argument de z (appelée **forme trigonométrique** de z), donc sous la forme $z = |z|e^{i\theta}$ (appelée **forme exponentielle** de z).

Exemples :

- $i = \cos(\frac{\pi}{2}) + i\sin(\frac{\pi}{2}) = e^{i\frac{\pi}{2}}$;
  $-i = \cos(-\frac{\pi}{2}) + i\sin(-\frac{\pi}{2}) = e^{-i\frac{\pi}{2}}$
- $1 = \cos(0) + i\sin(0) = e^{i\times 0}$; $-1 = \cos(\pi) + i\sin(\pi) = e^{i\pi}$
- $|3i| = 3$; $3i = 3\left(\cos(\frac{\pi}{2}) + i\sin(\frac{\pi}{2})\right) = 3e^{i\frac{\pi}{2}}$
- $|1-i| = \sqrt{1^2 + (-1)^2} = \sqrt{2}$;
  $1 - i = \sqrt{2}\left(\frac{\sqrt{2}}{2} - i\frac{\sqrt{2}}{2}\right) = \sqrt{2}\left(\cos(-\frac{\pi}{4}) + i\sin(-\frac{\pi}{4})\right) = \sqrt{2}e^{-i\frac{\pi}{4}}$

Propriétés : Pour tout $n \in \mathbb{Z}$, pour tous $r, r' > 0$ et $\theta, \theta' \in \mathbb{R}$, on a :

- $re^{i\theta} \times r'e^{i\theta'} = rr'e^{i(\theta+\theta')}$

- $\left(re^{i\theta}\right)^n = r^n e^{in\theta}$
- $\dfrac{re^{i\theta}}{r'e^{i\theta'}} = \dfrac{r}{r'}e^{i(\theta-\theta')}$
- $\overline{re^{i\theta}} = re^{-i\theta}$

Conséquences : Pour tous $z, z' \in \mathbb{C} \setminus \{0\}$ et tout $n \in \mathbb{Z}$, on a :

- $\arg(z \times z') = \arg(z) + \arg(z')\ [2\pi]$
- $\arg(z^n) = n\arg(z)\ [2\pi]$
- $\arg(\frac{z}{z'}) = \arg(z) - \arg(z')\ [2\pi]$
- $\arg(\overline{z}) = -\arg(z)[2\pi]$

Propriété (formule de Moivre) : Pour tout $\theta \in \mathbb{R}$ et tout $n \in \mathbb{Z}$, on a :

$$\left(\cos(\theta) + i\sin(\theta)\right)^n = \cos(n\theta) + i\sin(n\theta)$$

Exercice d'application : Calculer $\left(\sqrt{3} - i\right)^{10}$ et donner le résultat sous forme algébrique.

$\left|\sqrt{3} - i\right| = \sqrt{\left(\sqrt{3}\right)^2 + \left(-1\right)^2} = 2$;

$$\sqrt{3}-i=2\left(\frac{\sqrt{3}}{2}-\frac{1}{2}i\right)=2\left(\cos\left(-\frac{\pi}{6}\right)+i\sin\left(-\frac{\pi}{6}\right)\right)=2e^{-i\frac{\pi}{6}};$$

$$\left(\sqrt{3}-i\right)^{10}=\left(2e^{-i\frac{\pi}{6}}\right)^{10}=2^{10}e^{-i\times 10\frac{\pi}{6}}=1024e^{-i\frac{5\pi}{3}}=1024e^{i\frac{\pi}{3}}$$

$$=1024\left(\cos\left(\frac{\pi}{3}\right)+i\sin\left(\frac{\pi}{3}\right)\right)=1024\left(\frac{1}{2}+i\frac{\sqrt{3}}{2}\right)=512+512i\sqrt{3}$$

3.5 Propriétés géométriques

Propriété : Soit A, B des points, k un réel et $\vec{w}$, $\vec{w'}$ des vecteurs. Alors :

- $z_{\overrightarrow{AB}}=z_B-z_A$; $z_{\vec{w}+\vec{w'}}=z_{\vec{w}}+z_{\vec{w'}}$; $z_{k\vec{w}}=kz_{\vec{w}}$
- L'affixe du milieu I de $[AB]$ est $z_I=\dfrac{z_A+z_B}{2}$.

Propriété : Si A, B, C et D sont des points du plan avec $A\neq B$ et $C\neq D$, alors :

- $\left|z_B-z_A\right|=AB$; $\arg\left(z_B-z_A\right)=\left(\vec{u};\overrightarrow{AB}\right)\ [2\pi]$
- $\left|\dfrac{z_D-z_C}{z_B-z_A}\right|=\dfrac{CD}{AB}$; $\arg\left(\dfrac{z_D-z_C}{z_B-z_A}\right)=\left(\overrightarrow{AB};\overrightarrow{CD}\right)\ [2\pi]$

3.6 Équations du second degré

Propriété : Soit $a, b, c \in \mathbb{R}$ avec $a \neq 0$. L'équation $az^2 + bz + c = 0$ admet dans $\mathbb{C}$ au moins une solution. Soit $\Delta = b^2 - 4ac$ son discriminant.

- Si $\Delta > 0$, l'équation admet exactement deux solutions, qui sont réelles distinctes : $z_1 = \dfrac{-b - \sqrt{\Delta}}{2a}$ et $z_2 = \dfrac{-b + \sqrt{\Delta}}{2a}$

  On a alors : $az^2 + bz + c = a(z - z_1)(z - z_2)$
- Si $\Delta = 0$, elle admet une seule solution, qui est réelle : $z_0 = \dfrac{-b}{2a}$

  On a alors : $az^2 + bz + c = a(z - z_0)^2$
- Si $\Delta < 0$, elle admet exactement deux solutions, qui sont complexes conjuguées : $z_1 = \dfrac{-b - i\sqrt{-\Delta}}{2a}$ et $z_2 = \dfrac{-b + i\sqrt{-\Delta}}{2a}$

  On a alors : $az^2 + bz + c = a(z - z_1)(z - z_2)$

Exercice d'application : Résoudre dans $\mathbb{C}$ l'équation $z^2 + z + 1 = 0$ et factoriser $z^2 + z + 1$.

Le discriminant de $z^2 + z + 1$ est $\Delta = 1^2 - 4 \times 1 \times 1 = -3$; $\Delta < 0$, donc les solutions de l'équation sont $z_1 = \dfrac{-1 - i\sqrt{3}}{2} = -\dfrac{1}{2} - i\dfrac{\sqrt{3}}{2}$ et $z_2 = \overline{z_1} = -\dfrac{1}{2} + i\dfrac{\sqrt{3}}{2}$.

De plus : $z^2 + z + 1 = \left(z + \dfrac{1}{2} + i\dfrac{\sqrt{3}}{2}\right)\left(z + \dfrac{1}{2} - i\dfrac{\sqrt{3}}{2}\right)$

Chapitre 4
FONCTIONS EXP ET LN

4.1 La fonction exp

Propriété et définition : Il existe une unique fonction f définie et dérivable sur $\mathbb{R}$ telle que $f(0) = 1$ et $f' = f$. Cette fonction s'appelle la **fonction exponentielle** et elle est notée exp.

Notation : On note $e = \exp(1)$ ($e \approx 2{,}718$) et pour tout $x \in \mathbb{R}$, $e^x = \exp(x)$.

Propriétés :

- La fonction exp est continue, dérivable, strictement positive, strictement croissante sur $\mathbb{R}$ et $\exp' = \exp$.
- $\lim\limits_{x \to -\infty} e^x = 0^+$; $\lim\limits_{x \to +\infty} e^x = +\infty$

Tableau de variations et courbe représentative de la fonction exp :

x	$-\infty$		$+\infty$
$\exp(x)$	0	$\nearrow$	$+\infty$

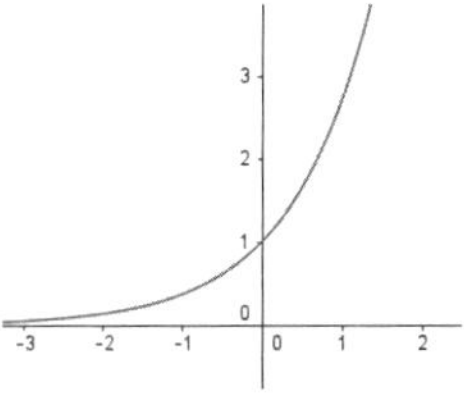

Propriétés algébriques : Pour tous $a, b \in \mathbb{R}$ et tout $n \in \mathbb{Z}$:

- $e^a > 0$
- $e^{-a} = \dfrac{1}{e^a}$
- $e^{a+b} = e^a e^b$
- $e^{a-b} = \dfrac{e^a}{e^b}$
- $e^{na} = \left(e^a\right)^n$

Exemples : $\left(e^2\right)^3 \times e^5 = e^6 \times e^5 = e^{11}$;

$$\frac{\left(e^{x+2}\right)^3}{e^{2x-4}} = \frac{e^{3(x+2)}}{e^{2x-4}} = e^{3x+6-(2x-4)} = e^{x+10}$$

Propriété : Pour tous $x, y \in \mathbb{R}$:

- $e^x = e^y \Leftrightarrow x = y$
- $e^x \leq e^y \Leftrightarrow x \leq y$
- $e^x < e^y \Leftrightarrow x < y$

Propriété : Si u est une fonction dérivable sur un intervalle I, alors e^u l'est aussi et $(e^u)' = u'e^u$.

Exemple : La fonction $x \mapsto x^2 + 3x$ est une fonction polynôme, elle est donc dérivable sur $\mathbb{R}$. La fonction $f : x \mapsto e^{x^2+3x}$ est alors aussi dérivable sur $\mathbb{R}$ et $f'(x) = (2x+3)e^{x^2+3x}$.

Propriété (croissances comparées) : $\lim\limits_{x \to -\infty} xe^x = 0$; $\lim\limits_{x \to +\infty} \frac{e^x}{x} = +\infty$

4.2 La fonction ln

Définition : Pour tout réel $x > 0$ il existe un unique $y \in \mathbb{R}$, noté $\ln(x)$ et appelé **logarithme népérien** de x, tel que $x = e^y$. On obtient donc une nouvelle fonction $\ln : x \mapsto \ln(x)$ définie sur $]0;+\infty[$ et appelée **fonction logarithme népérien**.

Conséquences :

- Pour tout $x > 0$, $e^{\ln(x)} = x$.
- Pour tout $x \in \mathbb{R}$, $\ln(e^x) = x$.
- Pour tous $a > 0$ et $b \in \mathbb{R}$, $\ln(a) = b \Leftrightarrow a = e^b$.
- $\ln(1) = 0$; $\ln(e) = 1$
- Dans un repère orthonormé, les courbes $C_{\exp}$ et $C_{\ln}$ sont symétriques par rapport à la droite d'équation $y = x$.

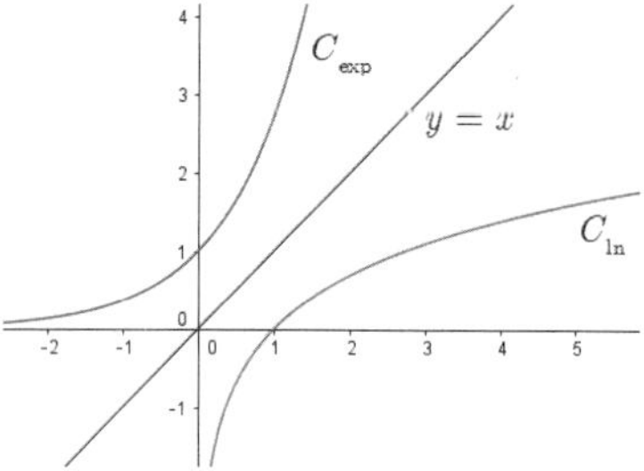

Propriétés algébriques : Pour tous $a, b > 0$ et $n \in \mathbb{Z}$:

- $\ln(ab) = \ln(a) + \ln(b)$
- $\ln\left(\frac{a}{b}\right) = \ln(a) - \ln(b)$
- $\ln\left(\frac{1}{b}\right) = -\ln(b)$
- $\ln(a^n) = n\ln(a)$
- $\ln\left(\sqrt{a}\right) = \frac{1}{2}\ln(a)$

Exemples :

- $\ln\left(\frac{7}{25}\right) = \ln\left(\frac{7}{5^2}\right) = \ln(7) - \ln(5^2) = \ln(7) - 2\ln(5)$
- $\ln(24) = \ln(2^3 \times 3) = \ln(2^3) + \ln(3) = 3\ln(2) + \ln(3)$

Propriétés analytiques :

- La fonction $\ln$ est dérivable (donc continue) et strictement croissante sur $]0;+\infty[$.
- Pour tout $x > 0$, $\ln'(x) = \dfrac{1}{x}$.
- $\lim\limits_{x \to 0} \ln(x) = -\infty$; $\lim\limits_{x \to +\infty} \ln(x) = +\infty$

Tableau de variations de la fonction $\ln$ **:**

x	0	$+\infty$
$\ln(x)$	$-\infty$	↗ $+\infty$

Propriété : Pour tous $x, y > 0$:

- $\ln(x) = \ln(y) \Leftrightarrow x = y$
- $\ln(x) \leq \ln(y) \Leftrightarrow x \leq y$
- $\ln(x) < \ln(y) \Leftrightarrow x < y$

Exercice d'application : Résoudre dans $\mathbb{R}$ l'inéquation $e^{2x-3} < 7$.

$$e^{2x-3} < 7 \Leftrightarrow \ln\left(e^{2x-3}\right) < \ln(7) \Leftrightarrow 2x - 3 < \ln(7)$$

$$\Leftrightarrow x < \frac{3 + \ln(7)}{2}$$

L'ensemble des solutions de l'inéquation est $\left]-\infty;\frac{3+\ln(7)}{2}\right[$.

Propriété : Si u est une fonction strictement positive et dérivable sur un intervalle I, alors $\ln(u)$ est aussi dérivable sur I et $(\ln(u))' = \frac{u'}{u}$.

Exemple : La fonction $x \mapsto 3x^2 + 1$ est une fonction polynôme, elle est donc dérivable sur $\mathbb{R}$. Elle est de plus strictement positive sur $\mathbb{R}$, car $x^2 \geq 0$. La fonction $f : x \mapsto \ln(3x^2 + 1)$ est donc dérivable sur $\mathbb{R}$ et $f'(x) = \frac{6x}{3x^2 + 1}$.

Propriété (croissances comparées) : $\lim\limits_{x \to 0} x\ln(x) = 0$; $\lim\limits_{x \to +\infty} \frac{\ln(x)}{x} = 0$

Chapitre 5
INTÉGRATION

Dans tout le chapitre, on munit le plan d'un repère orthogonal $(O;\vec{i};\vec{j})$.

5.1 Généralités

Définition : On appelle **unité d'aire** (notée $u.a.$) l'aire du rectangle de dimensions $\|\vec{i}\|$ et $\|\vec{j}\|$.

Définition : Soit f une fonction continue sur un intervalle $[a;b]$. On appelle **intégrale** de a à b de f le nombre réel que l'on note $\int_a^b f(x)dx$, défini par :

- $\int_a^b f(x)dx = A$ (resp. $-A$) si f est positive (resp. négative) sur $[a;b]$, où A est l'aire en $u.a.$ du domaine délimité par (Ox), C_f et les droites d'équations $x = a$ et $x = b$

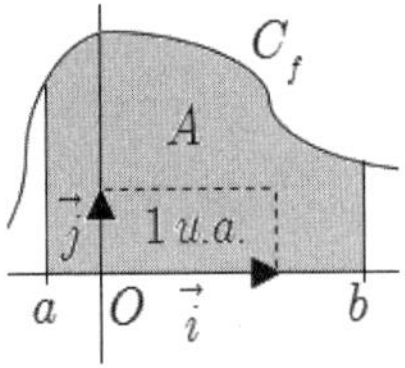

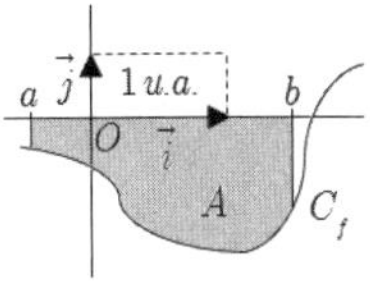

- $\int_a^b f(x)dx = A_1 - A_2 + A_3 - ...$ si f change de signe sur $[a;b]$

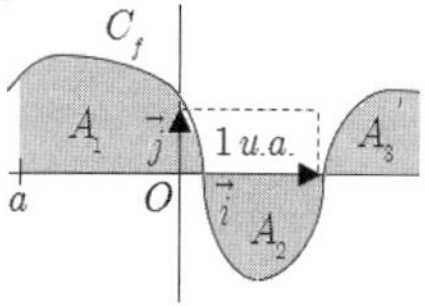

Exemple : $\int_0^1 xdx = \frac{1}{2}$

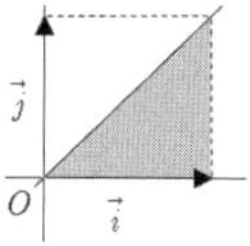

Définition : Soit f une fonction continue sur un intervalle $[a;b]$.

On appelle **intégrale** de b à a de f le nombre réel que l'on note $\int_b^a f(x)dx$ et défini par $\int_b^a f(x)dx = -\int_a^b f(x)dx$.

Exemple : $\int_1^0 xdx = -\int_0^1 xdx = -\frac{1}{2}$

Définition : Soit f une fonction continue sur un intervalle $[a;b]$. On appelle **valeur moyenne** de f sur $[a;b]$ le nombre réel $\frac{1}{b-a}\int_a^b f(x)dx$.

5.2 Propriétés

Soit f et g deux fonctions continues sur un intervalle I de $\mathbb{R}$.

Propriété (relation de Chasles) : Pour tous $a, b, c \in I$, on a : $\int_a^b f(x)dx = \int_a^c f(x)dx + \int_c^b f(x)dx$

Propriété (linéarité de l'intégrale) : Pour tous $a, b \in I$ et $\alpha, \beta \in \mathbb{R}$, on a :

$$\int_a^b \left(\alpha f(x) + \beta g(x)\right) dx = \alpha \int_a^b f(x)dx + \beta \int_a^b g(x)dx$$

Propriété (positivité et croissance de l'intégrale) : Soit $[a;b]$ un intervalle inclus dans I.

- Si $f \geq 0$ sur I, alors $\int_a^b f(x)dx \geq 0$.
- Si $f \leq g$ sur I, alors $\int_a^b f(x)dx \leq \int_a^b g(x)dx$.

5.3 Primitives

Dans toute la section, I désigne un intervalle de $\mathbb{R}$.

Définition : Soit f une fonction définie sur I. On appelle **primitive** de f sur I toute fonction F définie et dérivable sur I telle que, pour tout $x \in I$, $F'(x) = f(x)$.

Exemple : $F : x \mapsto x^2$ est une primitive de $f : x \mapsto 2x$ sur $\mathbb{R}$, car F est dérivable sur $\mathbb{R}$ et $F' = f$.

Théorème : Soit f une fonction définie sur I admettant une primitive F sur I. Alors :

- Les primitives de f sur I sont les fonctions $x \mapsto F(x) + k$ pour $k \in \mathbb{R}$.
- Si $x_0 \in I$ et $y_0 \in \mathbb{R}$, il existe une unique primitive F_0 de f sur I telle que $F_0(x_0) = y_0$.

Exemple : Les primitives de $F : x \mapsto 2x$ sur $\mathbb{R}$ sont les fonctions $F : x \mapsto x^2 + k$ pour $k \in \mathbb{R}$. Celle qui vérifie $F(1) = 3$ correspond à k tel que $1^2 + k = 3$, d'où $k = 2$; elle est donc définie par $F(x) = x^2 + 2$.

Propriété (tableau des primitives usuelles) : Dans le tableau suivant, a, b et k désignent des réels avec $a \neq 0$, et u une fonction dérivable sur I.

Fonction ou expression de la fonction	Primitives ou expression des primitives	Intervalle et/ ou condition d'application
a	$ax+k$	$\mathbb{R}$
x^n $(n>0)$	$\dfrac{x^{n+1}}{n+1}+k$	$\mathbb{R}$
x^n $(n<-1)$	$\dfrac{x^{n+1}}{n+1}+k$	$]-\infty;0[$ et $]0;+\infty[$
$\dfrac{1}{x}$	$\ln(x)+k$	$]0;+\infty[$
$\dfrac{1}{2\sqrt{x}}$	$\sqrt{x}+k$	$]0;+\infty[$
$\cos(x)$	$\sin(x)+k$	$\mathbb{R}$
$\sin(x)$	$-\cos(x)+k$	$\mathbb{R}$
$a\cos(ax+b)$	$\sin(ax+b)+k$	$\mathbb{R}$
$a\sin(ax+b)$	$-\cos(ax+b)+k$	$\mathbb{R}$
e^x	e^x+k	$\mathbb{R}$
$u'u^n$ $(n>0)$	$\dfrac{u^{n+1}}{n+1}+k$	I
$u'u^n$ $(n<-1)$	$\dfrac{u^{n+1}}{n+1}+k$	Pour tout $x \in I$ tel que $u(x) \neq 0$

Fonction ou expression de la fonction	Primitives ou expression des primitives	Intervalle et/ ou condition d'application
$\frac{u'}{u}$	$\ln(u)+k$	Si $u>0$ sur I
$\frac{u'}{2\sqrt{u}}$	$\sqrt{u}+k$	Si $u>0$ sur I
$u'e^{u}$	$e^{u}+k$	I

Théorème (fondamental) : Soit $a,b \in I$ et f une fonction continue sur I.

- Alors f admet des primitives, et l'unique primitive de f sur I s'annulant en a est définie par $x \mapsto \int_a^x f(t)dt$.
- Si F est une primitive de f sur I, alors $\int_a^b f(x)dx = \left[F(x)\right]_a^b$ où $\left[F(x)\right]_a^b = F(b)-F(a)$.

Exemples :

- $\int_0^1 xe^{x^2}dx = \frac{1}{2}\int_0^1\left(2xe^{x^2}\right)dx = \frac{1}{2}\left[e^{x^2}\right]_0^1 = \frac{1}{2}(e-1)$
- $\int_0^1 \frac{1}{3x+1}dx = \frac{1}{3}\int_0^1 \frac{3}{3x+1}dx = \frac{1}{3}\left[\ln(3x+1)\right]_0^1$
$= \frac{1}{3}\left(\ln(4)-\ln(1)\right) = \frac{2}{3}\ln(2)$

5.4 Calculs d'aires

Propriété : Soit f et g deux fonctions continues sur un intervalle $[a;b]$ telles que $f \leq g$ sur $[a;b]$. Soit A l'aire de la partie du plan délimitée par C_f, C_g et les droites d'équations $x = a$ et $x = b$. Alors $A = \int_a^b \big(g(x) - f(x)\big)dx$ (u.a.).

Exemple : On considère dans un repère orthogonal $(O;\vec{i};\vec{j})$ d'unités graphiques $\left\|\vec{i}\right\| = 3\,cm$ et $\left\|\vec{j}\right\| = 2\,cm$, les fonctions $f : x \mapsto x$ et $g : x \mapsto x^2$. L'aire (en $u.a.$) du domaine délimité par C_f, C_g, l'axe des ordonnées et la droite d'équation $x = 2$ est $A = \int_0^1 (x - x^2)dx + \int_1^2 (x^2 - x)dx$

$= \left[\frac{x^2}{2} - \frac{x^3}{3}\right]_0^1 + \left[\frac{x^3}{3} - \frac{x^2}{2}\right]_1^2 = 1.$

Puisque $1\,u.a. = 6\,cm^2$, $A = 6\,cm^2$.

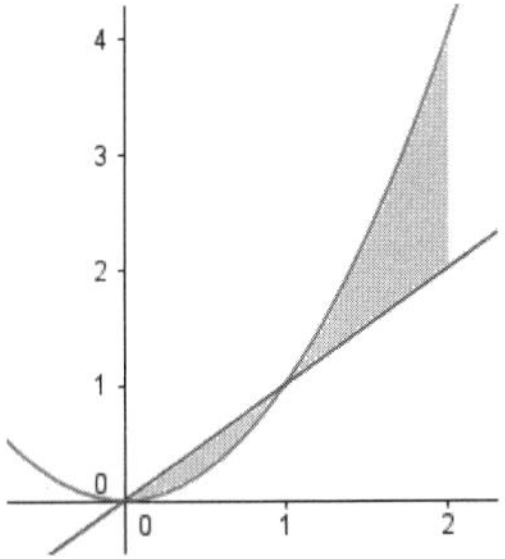

Chapitre 6
PROBABILITÉS

6.1 Rappels sur les variables aléatoires discrètes

Définitions et remarques :

- Une **variable aléatoire** sur un univers Ω est une fonction X définie sur Ω.
- On note $P(X = x)$ la probabilité que X prenne la valeur x .
- Si $x_1, x_2, ..., x_m$ sont les valeurs prises par X, la **loi de probabilité** de X est la donnée de toutes les probabilités $P(X = x_i)$.
- L'**espérance** de X est $E(X) = \sum_{i=1}^{m} x_i \times P(X = x_i)$; c'est la moyenne de ses valeurs prises.
- La **variance** et **l'écart-type** de X sont respectivement définis par $V(X) = \sum_{i=1}^{m} \left(x_i - E(X)\right)^2 \times P(X = x_i)$ et $\sigma(X) = \sqrt{V(X)}$; ces nombres mesurent la dispersion des valeurs de X autour de $E(X)$.

Exemple : On lance deux dés équilibrés numérotés de 1 à 6. Soit X la variable aléatoire donnant la somme obtenue.

- Sa loi de probabilité est la suivante :

Valeurs de X	2	3	4	5	6	7	8	9	10	11	12
Probabilités	$\frac{1}{36}$	$\frac{1}{18}$	$\frac{1}{12}$	$\frac{1}{9}$	$\frac{5}{36}$	$\frac{1}{6}$	$\frac{5}{36}$	$\frac{1}{9}$	$\frac{1}{12}$	$\frac{1}{18}$	$\frac{1}{36}$

$$E(X) = \frac{1}{36} \times 2 + \frac{1}{18} \times 3 + \frac{1}{12} \times 4 + ... + \frac{1}{36} \times 12 = 7$$

- En moyenne, on obtient donc une somme égale à 7.
- $V(X) = \frac{1}{36} \times (2-7)^2 + \frac{1}{18} \times (3-7)^2 + ...$
  $+ \frac{1}{36} \times (12-7)^2 = \frac{35}{6}$; $\sigma(X) = \sqrt{\frac{35}{6}}$

Propriété : Si X est une variable aléatoire et a, b des réels, alors :

- $E(aX+b) = aE(X) + b$
- $V(aX+b) = a^2 V(X)$
- $\sigma(aX+b) = |a| \sigma(X)$

Définitions et propriétés :

- Une **épreuve de Bernoulli** est une expérience aléatoire qui ne comporte que 2 issues : S (succès) de probabilité p, et E (échec) de probabilité $q = 1 - p$.
- En répétant n fois de suite et de manière indépendante cette épreuve de Bernoulli, on obtient un **schéma de Bernoulli** de paramètres n et p.
- La variable aléatoire X comptant le nombre de succès suit alors la loi de probabilité suivante, appelée **loi binomiale** de paramètres n et p, notée $B(n; p)$: pour tout $k \in \{0;1;2;...;n\}$, $P(X=k) = \binom{n}{k} p^k q^{n-k}$, où $\binom{n}{k}$ est

le nombre de chemins menant à k succès sur un arbre représentant le schéma de Bernoulli.

- $E(X) = np$, $V(X) = npq$ et $\sigma(X) = \sqrt{npq}$

Exercice d'application : On lance 10 fois de suite un dé équilibré numéroté de 1 à 6. Déterminer la probabilité d'obtenir au moins deux fois le 6.

Corrigé : En définissant le succès par « Obtenir 6 », cette expérience aléatoire constitue un schéma de Bernoulli de paramètres 10 et $\frac{1}{6}$. La variable aléatoire X comptant le nombre de succès suit $B\left(10;\frac{1}{6}\right)$, donc pour tout $k \in \{0;1;2;...;10\}$, $P(X = k) = \binom{10}{k} \times \left(\frac{1}{6}\right)^k \times \left(\frac{5}{6}\right)^{10-k}$.

La probabilité cherchée est :

$$P(X \geq 2) = 1 - P(X = 0) - P(X = 1)$$

$$= 1 - \binom{10}{0} \times \left(\frac{1}{6}\right)^0 \times \left(\frac{5}{6}\right)^{10-0} - \binom{10}{1} \times \left(\frac{1}{6}\right)^1 \times \left(\frac{5}{6}\right)^{10-1} \approx 0,515$$

6.2 Probabilités conditionnelles

Définition : Si A et B sont deux événements d'un même univers Ω avec $P(A) \neq 0$, on appelle **probabilité conditionnelle** de B, sachant A, le nombre réel $P_A(B) = \frac{P(A \cap B)}{P(A)}$.

Remarque : Si $P(A) \neq 0$ et $P(\overline{A}) \neq 0$, on peut construire l'arbre probabilisé ci-dessous et les égalités suivantes traduisent le fait que dans un arbre probabilisé, la probabilité d'un chemin est le produit des probabilités rencontrées le long de ce chemin : $P(A \cap B) = P(A) \times P_A(B)$, $P(A \cap \overline{B}) = P(A) \times P_A(\overline{B})$; $P(\overline{A} \cap B) = P(\overline{A}) \times P_{\overline{A}}(B)$; $P(\overline{A} \cap \overline{B}) = P(\overline{A}) \times P_{\overline{A}}(\overline{B})$

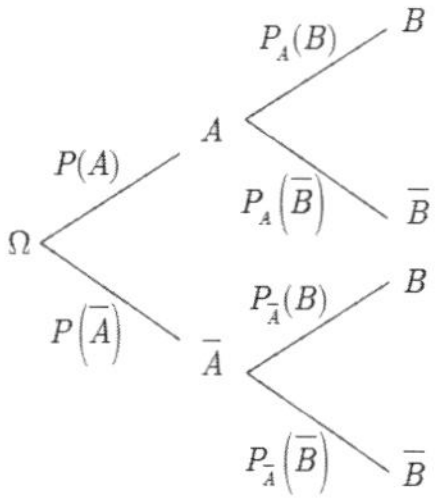

Propriété (formule des probabilités totales) : Si $\Omega = A_1 \cup A_2 \cup \ldots \cup A_n$ où $A_1, A_2, \ldots, A_n$ sont des événements n'ayant aucun élément commun, et si B est un événement de Ω, alors $P(B) = P(B \cap A_1) + P(B \cap A_2) + \ldots + P(B \cap A_n)$.

Conséquence : Dans un arbre probabilisé, la probabilité d'un événement est la somme des probabilités des chemins menant à lui.

Exercice d'application : Paul habite un village où il fait beau 3 jours sur 5. Il va à l'école à pied ou en vélo. Lorsqu'il fait beau, il y va en vélo 5 fois sur 6. Lorsqu'il ne fait pas beau, il y va en vélo 1 fois sur 8.

a) Un jour donné au hasard, quelle est la probabilité que Paul vienne à l'école en vélo ?

b) Si on sait qu'un jour donné au hasard, Paul est venu en vélo, quelle est la probabilité qu'il ait fait beau ce jour-là ?

Corrigé : Considérons les événements V : « Paul vient en vélo » et B : « Il fait beau ».

L'arbre probabilisé de cette expérience aléatoire est le suivant :

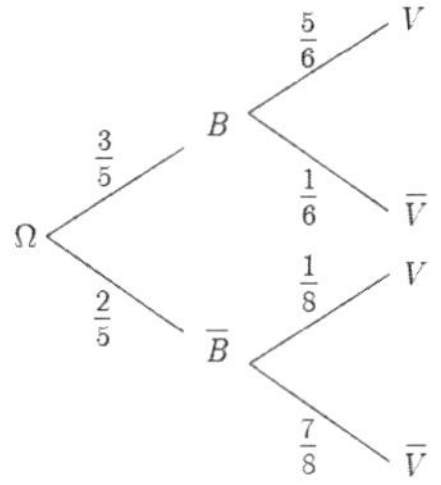

a) $P(V) = P(B \cap V) + P(\overline{B} \cap V)$ (d'après la formule des probabilités totales)

$$= P(B)\times P_B(V) + P(\overline{B})\times P_{\overline{B}}(V) = \frac{3}{5}\times\frac{5}{6}+\frac{2}{5}\times\frac{1}{8}=\frac{11}{20}$$

La probabilité que Paul vienne en vélo est $\frac{11}{20}$.

b) La probabilité qu'il ait fait beau le jour où Paul est venu en vélo est $P_V(B) = \dfrac{P(V\cap B)}{P(V)} = \dfrac{\frac{3}{5}\times\frac{5}{6}}{\frac{11}{20}} = \dfrac{10}{11}$.

6.3 Indépendance

Définition : Deux événements A et B sont dits **indépendants** lorsque $P(A\cap B) = P(A)\times P(B)$.

Propriété : Si A et B sont deux événements indépendants, alors sont aussi indépendants :

- $\overline{A}$ et B
- A et $\overline{B}$
- $\overline{A}$ et $\overline{B}$

Propriété : Si A et B sont deux événements de probabilités non nulles, alors :

A et B indépendants $\Leftrightarrow P_A(B) = P(B) \Leftrightarrow P_B(A) = P(A)$

Exemple : On tire au hasard une carte dans un jeu en contenant 32. On considère les événements A : « Obtenir un as », T : « Obtenir un trèfle » et N : « Obtenir un nombre » (1, 7, 8, 9 ou 10).

$P(A) = \frac{4}{32} = \frac{1}{8}$; $P(T) = \frac{8}{32} = \frac{1}{4}$; $P(A \cap T) = \frac{1}{32}$;

$P(A \cap T) = P(A) \times P(T)$, donc A et T sont indépendants.

$P(N) = \frac{20}{32} = \frac{5}{8}$; $P(A \cap N) = \frac{4}{32} = \frac{1}{8}$; $P(A \cap N) \neq P(A) \times P(N)$,

donc A et N ne sont pas indépendants.

Définition : Soit X et Y deux variables aléatoires d'un même univers de valeurs $x_1, x_2, ..., x_n$ et $y_1, y_2, ..., y_p$ respectivement. X et Y sont dites **indépendantes** lorsque pour tous $i \in \{1;2;...;n\}$ et $j \in \{1;2;...;p\}$, les événements $(X = x_i)$ et $(Y = y_j)$ sont indépendants, c'est-à-dire vérifient $P\big((X = x_i) \cap (Y = y_j)\big) = P(X = x_i) \times P(Y = y_j)$.

6.4 Densité de probabilité

Dans tout ce paragraphe, I désigne un intervalle de $\mathbb{R}$ et X est une variable aléatoire prenant ses valeurs dans l'intervalle I.

Définition : Une fonction continue f est appelée **densité de probabilité** sur I si $f \geq 0$ sur I et si l'aire du domaine délimitée par les points $M(x;y)$, tels que $x \in I$ et $0 \leq y \leq f(x)$, est égale à 1 ($u.a.$).

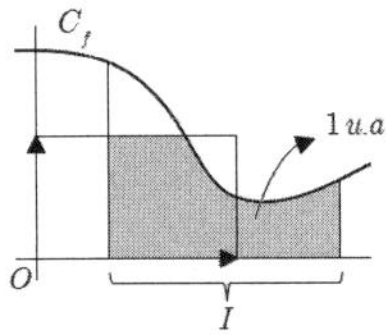

Exemple : La fonction f définie par $f(x) = 3x^2$ est une densité de probabilité sur $[0;1]$, car elle est continue et positive sur $[0;1]$ et on a $\int_0^1 (3x^2)dx = [x^3]_0^1 = 1$.

Définition : On dit que X suit une **loi continue** s'il existe une densité de probabilité sur I telle que pour tous $a, b \in I$ (avec $a < b$), on ait $P(a \leq X \leq b) = \int_a^b f(x)dx$. La fonction f est alors appelée **densité de probabilité** de X.

Propriété : Si X suit une loi continue, alors :

- pour tout $a \in I$, $P(X = a) = 0$ (on dit que X ne charge pas les points) ;
- pour tout intervalle $[a;b]$ inclus dans I, on a :

$$P(X \in [a;b]) = P(X \in]a;b]) = P(X \in [a;b[) = P(X \in]a;b[)$$

(on peut écrire $P(X \in (a;b))$)

Notation : On peut noter $\int_I f(x)dx$ l'intégrale d'une fonction f sur l'intervalle I.

Exemples :

- $\int_{[a;b]} f(x)dx = \int_{]a;b]} f(x)dx = \int_{[a;b[} f(x)dx$
  $= \int_{]a;b[} f(x)dx = \int_a^b f(x)dx$
- $\int_{[a;+\infty[} f(x)dx = \int_a^{+\infty} f(x)dx = \lim_{t\to+\infty} \int_a^t f(x)dx$

Définition : Si X suit une loi continue de densité de probabilité f, on appelle **espérance** de X le nombre réel $E(X) = \int_I xf(x)dx$; il s'agit de la valeur moyenne de X.

Exemple : Si X est une variable aléatoire de densité de probabilité f définie sur $[0;1]$ par $f(x) = 3x^2$, alors $E(X) = \int_0^1 x(3x^2)dx = 3\int_0^1 x^3dx = 3\left[\frac{x^4}{4}\right]_0^1 = \frac{3}{4}$. La moyenne des valeurs prises par X est $\frac{3}{4}$.

Remarque : Tout comme pour les variables aléatoires discrètes, on peut mesurer la dispersion, autour de la moyenne, des valeurs d'une variable aléatoire X suivant une loi continue, à l'aide d'un nombre appelé **variance** de X (aussi noté $V(X)$) et d'un nombre appelé **écart-type** de X (aussi noté $\sigma(X)$), définis par $V(X) = \int_I \left(x - E(X)\right)^2 f(x)dx$ et $\sigma(X) = \sqrt{V(X)}$.

6.5 Lois uniformes

Définition : Soit $a, b \in \mathbb{R}$ avec $a < b$. On dit qu'une variable aléatoire X suit la **loi uniforme** sur $[a;b]$ si sa densité de probabilité est la fonction f définie sur $[a;b]$ par $f(x) = \dfrac{1}{b-a}$.

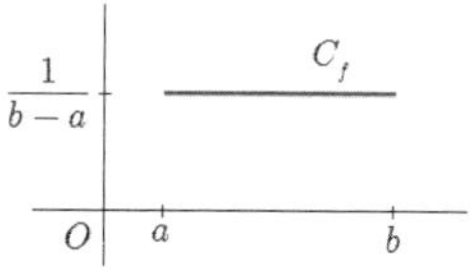

Remarque : Cette loi correspond au choix au hasard d'un nombre réel dans l'intervalle $[a;b]$.

Propriété : Si X est une variable aléatoire suivant la loi uniforme sur un intervalle $[a;b]$, alors :

- Pour tout intervalle $(c;d)$ inclus dans $[a;b]$, $P\big(X \in (c;d)\big) = \dfrac{d-c}{b-a}$.
- $E(X) = \dfrac{a+b}{2}$

Exemple : On choisit au hasard un réel entre 5 et 8. Le nombre réel obtenu est une variable aléatoire X qui suit la loi uniforme sur $[5;8]$. La probabilité qu'il soit supérieur à 6 est donc $P\big(6 < X \leq 8\big) = \dfrac{8-6}{8-5} = \dfrac{2}{3}$. En moyenne, on obtient $E(X) = \dfrac{5+8}{2} = 6{,}5$.

6.6 Lois exponentielles

Définition : Soit $\lambda > 0$. On dit qu'une variable aléatoire X suit la **loi exponentielle** de paramètre λ, si elle admet pour densité de probabilité la fonction f définie sur $[0;+\infty[$ par $f(x) = \lambda e^{-\lambda x}$.

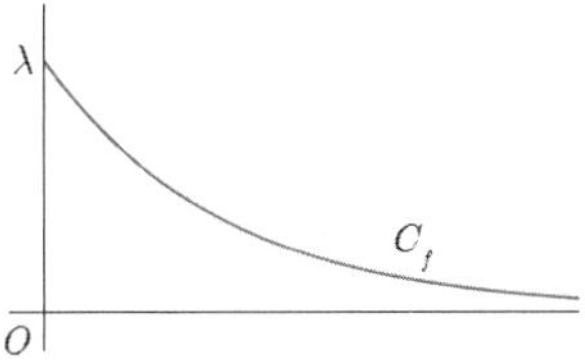

Propriété : Soit X une variable aléatoire suivant une loi exponentielle de paramètre λ. Alors :

- Pour tout intervalle $(a;b)$ inclus dans $[0;+\infty[$, $P\left(X \in (a;b)\right) = \int_a^b \lambda e^{-\lambda x} dx = e^{-\lambda a} - e^{-\lambda b}$.
- Pour tout $a \geq 0$, $P(X \geq a) = P(X > a) = e^{-\lambda a}$ et $P(X \leq a) = P(X < a) = 1 - e^{-\lambda a}$.
- Pour tous $a, t \geq 0$, $P_{(X \geq a)}(X \geq a + t) = P(X \geq t)$, X étant dite « sans vieillissement ».
- $E(X) = \dfrac{1}{\lambda}$

Exercice d'application : Un fabricant d'ampoules LED annonce : « 90 % de mes ampoules ont une durée de vie d'au moins 5 ans. » On suppose que la variable aléatoire X, qui au choix au hasard d'une ampoule associe sa durée de vie (en années), suit une loi exponentielle.

a) Quel est le paramètre λ de cette loi exponentielle ?

b) Je viens d'acheter une ampoule à ce fabricant. Quelle est la probabilité qu'elle marche encore dans 10 ans ?

c) J'ai acheté une autre ampoule à ce fabricant il y a 2 ans, quelle est la probabilité qu'elle marche encore dans 5 ans ?

Corrigé : a) $P(X \geq 5) = e^{-\lambda \times 5} = 0,9$, donc $-5\lambda = \ln(0,9)$, d'où $\lambda = -0,2\ln(0,9)$.

b) $P(X \geq 10) = e^{0,2\ln(0,9)\times 10} = e^{2\ln(0,9)} = e^{\ln(0,9^2)} = 0,81$.

c) $P_{(X\geq 2)}(X \geq 2+5) = P(X \geq 5) = 0,9$, car X est sans vieillissement.

6.7 Lois normales

Définition : On dit qu'une variable aléatoire suit la **loi normale centrée réduite**, que l'on note $N(0;1)$, si elle admet pour densité de probabilité sur $\mathbb{R}$ la fonction f définie par $f(x) = \frac{1}{\sqrt{2\pi}} e^{-\frac{x^2}{2}}$.

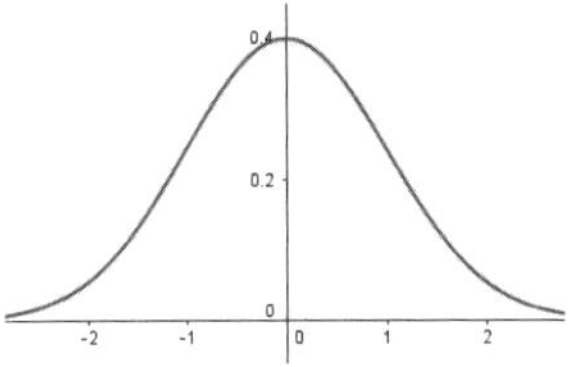

Remarques :

- La fonction $f : x \mapsto \frac{1}{\sqrt{2\pi}} e^{-\frac{x^2}{2}}$ est paire, donc l'axe des ordonnées est un axe de symétrie de C_f.
- Pour tout intervalle $(a;b)$ de $\mathbb{R}$, $P\big(X \in (a;b)\big) = \frac{1}{\sqrt{2\pi}} \int_a^b e^{-\frac{x^2}{2}} dx$. Cependant, ne connaissant pas de primitive de la fonction $x \mapsto \frac{1}{\sqrt{2\pi}} e^{-\frac{x^2}{2}}$, on utilise la calculatrice pour calculer ces probabilités.

Exemple : Si X suit $N(0;1)$, alors $P(-0,5 \leq X < 2) \approx 0,669$.

Propriété : Si X suit $N(0;1)$, alors :

- $E(X) = 0$; $V(X) = \sigma(X) = 1$
- Pour tout $u \in \mathbb{R}$, $P(X \leq -u) = P(X \geq u)$.
- Pour tout $\alpha \in]0;1[$, il existe un unique réel $u_\alpha > 0$ tel que $P(-u_\alpha \leq X \leq u_\alpha) = 1 - \alpha$.

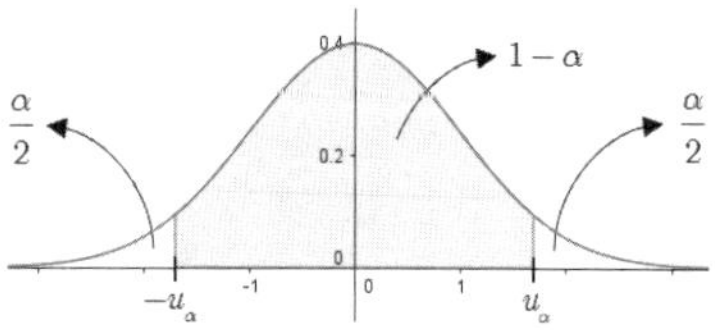

Valeurs particulières à connaître : $u_{0,05} \approx 1,96$; $u_{0,01} \approx 2,58$

Définition : Soit $\mu \in \mathbb{R}$ et $\sigma > 0$. On dit qu'une variable aléatoire X suit la **loi normale** $N(\mu;\sigma^2)$, si $Z = \dfrac{X-\mu}{\sigma}$ suit la loi normale centrée réduite $N(0;1)$.

Propriété : Si X suit $N(\mu;\sigma^2)$, alors $E(X) = \mu$ et $\sigma(X) = \sigma$.

Exemple : Si X suit $N(5;4)$, alors $E(X) = 5$, $\sigma(X) = 2$ et $P(1 \leq X \leq 6) \approx 0,669$ (obtenue directement avec la calculatrice).

Propriété (« un, deux, trois sigma ») : Si X suit $N(\mu;\sigma^2)$, alors :

- $P(\mu - \sigma \leq X \leq \mu - \sigma) \approx 0,683$
- $P(\mu - 2\sigma \leq X \leq \mu - 2\sigma) \approx 0,954$
- $P(\mu - 3\sigma \leq X \leq \mu - 3\sigma) \approx 0,997$

6.8 Échantillonnage et applications

Propriété (théorème de Moivre-Laplace) : Soit $p \in]0;1[$, Z une variable aléatoire suivant la loi normale $N(0;1)$, et pour tout $n \in \mathbb{N}^*$, $Z_n = \frac{X_n - E(X_n)}{\sigma(X_n)} = \frac{X_n - np}{\sqrt{np(1-p)}}$ où X_n est une variable aléatoire suivant la loi binomiale $B(n;p)$. Alors, pour tout $a, b \in \mathbb{R}$, $\lim\limits_{n \to +\infty} P(a \leq Z_n \leq b) = \frac{1}{\sqrt{2\pi}} \int_a^b e^{-\frac{x^2}{2}} dx = P(a \leq Z \leq b)$.

Conditions pratiques d'utilisation : En pratique, si X suit $B(n;p)$ avec $n \geq 30$, $np \geq 5$ et $n(1-p) \geq 5$, on peut alors utiliser l'approximation : $P\left(a \leq \frac{X - E(X)}{\sigma(X)} \leq b\right) \approx P(a \leq Z \leq b)$, où Z suit $N(0;1)$.

Propriété : Soit $\alpha, p \in]0;1[$ et, pour tout $n \in \mathbb{N}^*$, X_n une variable aléatoire suivant $B(n;p)$.

Alors $\lim\limits_{n \to +\infty} P\left(\frac{X_n}{n} \in I_n\right) = 1 - \alpha$, où

$$I_n = \left[p - u_\alpha \sqrt{\frac{p(1-p)}{n}} ; p + u_\alpha \sqrt{\frac{p(1-p)}{n}}\right].$$

I_n est appelé intervalle de **fluctuation asymptotique** au seuil de $1 - \alpha$.

Cas particulier important ($\alpha = 0{,}05$) :
En pratique, si $n \geq 30$, $np \geq 5$ et $n(1-p) \geq 5$,
alors on admet que $P\left(\frac{X_n}{n} \in I_n\right) \approx 0{,}95$, où

$$I_n = \left[p - u_{0{,}05}\sqrt{\frac{p(1-p)}{n}}; p + u_{0{,}05}\sqrt{\frac{p(1-p)}{n}}\right].$$

Propriété : Soit $p \in]0;1[$ et, pour tout $n \in \mathbb{N}^*$, X_n une variable aléatoire suivant $B(n;p)$. Alors, dès que n est assez grand, on a $P\left(\frac{X_n}{n} - \frac{1}{\sqrt{n}} \leq p \leq \frac{X_n}{n} + \frac{1}{\sqrt{n}}\right) > 0{,}95$.

Application aux estimations : Soit p la proportion des individus d'une population ayant un certain caractère. Soit f la proportion des individus ayant ce caractère dans un échantillon de taille n. Dans la pratique, on considère que si $n \geq 30$, $nf \geq 5$ et $n(1-f) \geq 5$, alors $P\left(p \in \left[f - \frac{1}{\sqrt{n}}; f + \frac{1}{\sqrt{n}}\right]\right) > 0{,}95$.

$\left[f - \frac{1}{\sqrt{n}}; f + \frac{1}{\sqrt{n}}\right]$ est appelé **intervalle de confiance** au niveau de confiance de 95 % pour p.

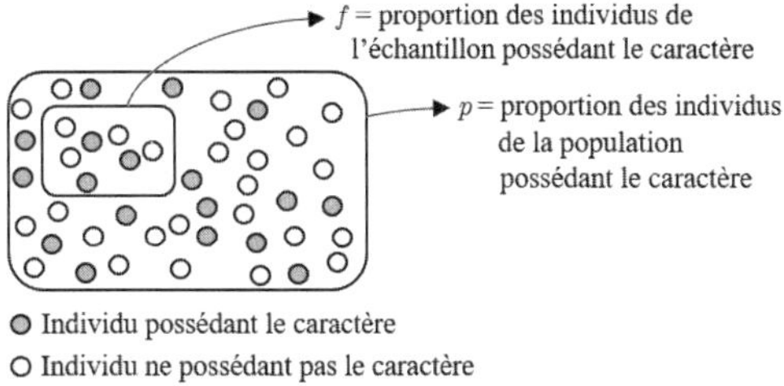

Exemple : Quelques heures avant les résultats d'une élection, on effectue un sondage. On interroge 625 électeurs. Parmi eux, 350 ont déclaré vouloir voter pour le candidat A. Soit p la proportion de votants pour le candidat A dans la population entière (l'ensemble des votants) et f celle obtenue dans l'échantillon. On a $n = 625$ et $f = \dfrac{350}{625} = 0,56$,

d'où $nf = 350$ et $n(1-f) = 275$; les conditions $n \geq 30$, $nf \geq 5$ et $n(1-f) \geq 5$ sont donc vérifiées. L'intervalle de confiance au niveau de confiance 95 % pour p est $\left[f - \dfrac{1}{\sqrt{n}} ; f + \dfrac{1}{\sqrt{n}}\right] = \left[0,56 - \dfrac{1}{\sqrt{625}} ; 0,56 + \dfrac{1}{\sqrt{625}}\right] = [0,52 ; 0,6]$.

Le candidat a plus de 95 % de chances d'obtenir un score entre 52 % et 60 %. Il a de grandes chances d'être élu.

Chapitre 7
GÉOMÉTRIE DANS L'ESPACE

7.1 – Droites et plans de l'espace

Propriétés :

- Deux plans de l'espace sont soit sécants (ils se coupent suivant une droite), soit parallèles (ils sont disjoints ou confondus).

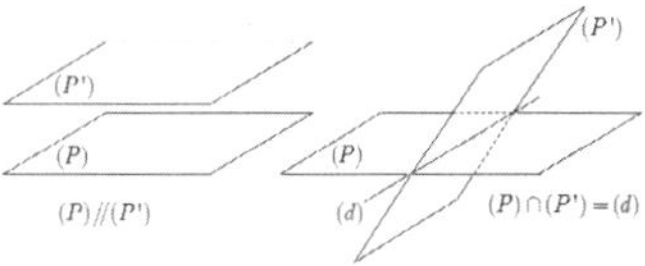

- Une droite et un plan de l'espace sont soit sécants (un point d'intersection), soit parallèles (pas de point d'intersection ou la droite incluse dans le plan).

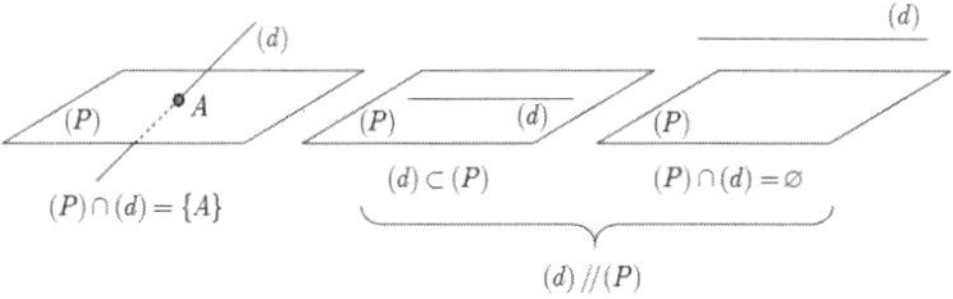

- Si deux droites de l'espace sont sécantes ou parallèles, il existe un plan les contenant (elles sont dites **coplanaires**), sinon aucun plan ne les contient, elles sont non coplanaires.

- Deux droites parallèles à une même droite sont toujours parallèles. Deux plans parallèles à un même plan sont toujours parallèles.
- Si une droite (d) est parallèle à une droite (d') incluse dans un plan (P), alors $(d) \parallel (P)$.
- Deux plans sont parallèles si et seulement si deux droites sécantes de l'un sont parallèles à deux droites sécantes de l'autre.
- Si deux plans sont parallèles, tout plan sécant à l'un est sécant à l'autre, et les droites d'intersection sont parallèles.

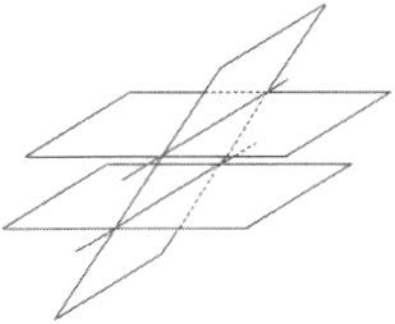

Théorème du toit : Si deux plans (P) et (P') sont sécants suivant une droite (D) et s'ils contiennent respectivement deux droites parallèles (d) et (d'), alors (D) est parallèle à (d) et (d').

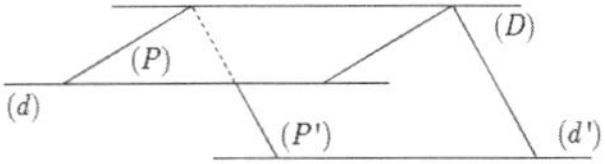

Définitions :

- Deux droites de l'espace (d) et (d') sont dites **orthogonales** si leurs parallèles passant par un point quelconque sont perpendiculaires. On note $(d) \perp (d')$.

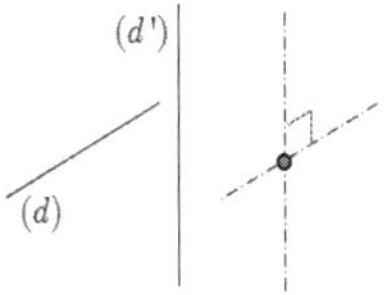

$(d) \perp (d')$

- Une droite (d) est dite **orthogonale** à un plan (P) si elle est orthogonale à toutes les droites de ce plan. On note $(d) \perp (P)$.

Propriétés :

- Si deux droites de l'espace sont parallèles, toute droite orthogonale à l'une est orthogonale à l'autre et tout plan orthogonal à l'une est orthogonal à l'autre.
- Si une droite est orthogonale à deux droites sécantes d'un même plan, alors elle est orthogonale à ce plan.
- Deux droites orthogonales à un même plan sont toujours parallèles et deux plans orthogonaux à une même droite sont toujours parallèles.
- Si deux plans sont parallèles, toute droite orthogonale à l'un est orthogonale à l'autre.

7.2 Géométrie vectorielle

Propriété et définition : Soit A un point et $\vec{i}$, $\vec{j}$ deux vecteurs non colinéaires de l'espace. L'ensemble des points M tels que $\overrightarrow{AM} = x\vec{i} + y\vec{j}$ (avec $x, y \in \mathbb{R}$) est un plan. Il est appelé plan passant par A et dirigé par le couple $\left(\vec{i}; \vec{j}\right)$.

Définition : On dit que trois vecteurs $\vec{u}$, $\vec{v}$ et $\vec{w}$ de l'espace sont **coplanaires** si, quel que soit le point O de l'espace, les points O, A, B et C sont coplanaires, A, B et C étant définis par : $\overrightarrow{OA} = \vec{u}$, $\overrightarrow{OB} = \vec{v}$ et $\overrightarrow{OC} = \vec{w}$.

Propriété : Trois vecteurs de l'espace $\vec{u}$, $\vec{v}$ et $\vec{w}$ sont coplanaires si et seulement s'il existe des réels α, β et γ non tous nuls, tels que $\alpha\vec{u} + \beta\vec{v} + \gamma\vec{w} = \vec{0}$.

Exemple : Si $ABCDEFGH$ est un cube, alors les vecteurs $\overrightarrow{DA}$, $\overrightarrow{FC}$ et $\overrightarrow{FB}$ sont coplanaires, car $\overrightarrow{FC} - \overrightarrow{FB} + \overrightarrow{DA} = \vec{0}$ et $(1; -1; 1) \neq (0; 0; 0)$.

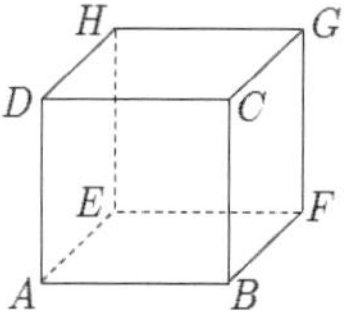

Propriété : Quatre points de l'espace A, B, C et D sont coplanaires si et seulement si les vecteurs $\overrightarrow{AB}$, $\overrightarrow{AC}$ et $\overrightarrow{AD}$ sont coplanaires.

Propriétés et définitions : Soit $\vec{i}$, $\vec{j}$ et $\vec{k}$ trois vecteurs non coplanaires et O un point de l'espace.

- Tout vecteur $\vec{u}$ peut s'écrire de manière unique sous la forme $\vec{u} = x\vec{i} + y\vec{j} + z\vec{k}$, où $x, y, z \in \mathbb{R}$. On dit que $(x; y; z)$ sont les **coordonnées** de $\vec{u}$ dans la base $(\vec{i}, \vec{j}, \vec{k})$. On note alors $\vec{u}(x; y; z)$.
- Pour tout point M, il existe un unique triplet de réels $(x; y; z)$, tel que $\overrightarrow{OM} = x\vec{i} + y\vec{j} + z\vec{k}$. On dit que :
  - $(O; \vec{i}, \vec{j}, \vec{k})$ est un **repère** de l'espace ;
  - $(x; y; z)$ sont les **coordonnées** de M dans ce repère ;
  - x, y et z sont respectivement **l'abscisse**, **l'ordonnée** et la **cote** de M dans ce repère. On note alors $M(x; y; z)$.

Exemple : Si $ABCDEFGH$ est un cube, alors dans la base $(\overrightarrow{AB}, \overrightarrow{AD}, \overrightarrow{AE})$, on a $\overrightarrow{BH}(-1; 1; 1)$, et dans le repère $(A; \overrightarrow{AB}, \overrightarrow{AD}, \overrightarrow{AE})$, on a $F(1; 0; 1)$.

Propriétés :

- Deux vecteurs non nuls $\vec{u}(x;y;z)$et $\vec{v}(x';y';z')$ sont colinéaires si et seulement s'il existe un réel k tel que $\vec{v} = k\vec{u}$, c'est-à-dire tel que $\begin{cases} x' = kx \\ y' = ky. \\ z' = kz \end{cases}$

- Soit $A(x_A;y_A;z_A)$ et $B(x_B;y_B;z_B)$ deux points de l'espace, et I le milieu du segment $[AB]$.
  Alors $\overrightarrow{AB}(x_B - x_A;y_B - y_A;z_B - z_A)$ et
  $I\left(\dfrac{x_A + x_B}{2};\dfrac{y_A + y_B}{2};\dfrac{z_A + z_B}{2}\right)$.

- Trois points distincts A, B et C de l'espace sont alignés si et seulement si $\overrightarrow{AB}$ et $\overrightarrow{AC}$ sont colinéaires, c'est-à-dire s'il existe $k \in \mathbb{R}$ tel que $\overrightarrow{AB} = k\overrightarrow{AC}$.

7.3 Représentation paramétrique d'une droite

Propriété et définition : Soit (d) la droite passant par un point $A(x_A;y_A;z_A)$ et de vecteur directeur $\vec{u}(a;b;c)$.

La droite (d) est l'ensemble des points $M(x;y;z)$ tels que $\overrightarrow{AM} = t\vec{u}$ où $t \in \mathbb{R}$. C'est donc l'ensemble des points $M(x;y;z)$ tels que $\begin{cases} x = x_A + ta \\ y = y_A + tb \\ z = z_A + tc \end{cases}$ avec $t \in \mathbb{R}$.

On dit que $\begin{cases} x = x_A + ta \\ y = y_A + tb \\ z = z_A + tc \end{cases}$ $(t \in \mathbb{R})$ est une **représentation paramétrique** de la droite (d).

Exemple : Soit $A(1;-2;3)$ et $B(0;1;-1)$. Un vecteur directeur de la droite (AB) est $\overrightarrow{AB}(-1;3;-4)$, donc une représentation paramétrique de (AB) est $\begin{cases} x = 1 - t \\ y = -2 + 3t \\ z = 3 - 4t \end{cases}$ $(t \in \mathbb{R})$.

Remarque : La représentation paramétrique d'une droite n'est pas unique puisqu'on peut en déterminer une à partir de n'importe quel point et de n'importe quel vecteur directeur de cette droite.

7.4 Produit scalaire et applications

Définition : Soit $\vec{u}$ et $\vec{v}$ deux vecteurs de l'espace. Le **produit scalaire** de $\vec{u}$ par $\vec{v}$ est le réel défini par $\vec{u}.\vec{v} = \left\|\vec{u}\right\| \times \left\|\vec{u}\right\| \times \cos\left(\vec{u}, \vec{v}\right)$ si $\vec{u}$ et $\vec{v}$ sont non nuls, et $\vec{u}.\vec{v} = 0$ sinon.

Propriétés : Soit $\vec{u}$, $\vec{v}$ et $\vec{w}$ des vecteurs de l'espace et k un réel ; alors :

- $\vec{u}.\vec{u} = \left\|\vec{u}\right\|^2$

- $\vec{u}.\vec{v} = \vec{v}.\vec{u}$
- $\vec{u}.\left(\vec{v} + \vec{w}\right) = \vec{u}.\vec{v} + \vec{u}.\vec{w}$
- $\vec{u}.\left(k\vec{v}\right) = \left(k.\vec{u}\right).\vec{v} = k\vec{u}.\vec{v}$
- $\vec{u}.\vec{v} = \frac{1}{2}\left(\left\|\vec{u}\right\|^2 + \left\|\vec{v}\right\|^2 - \left\|\vec{u} - \vec{v}\right\|^2\right)$

Conséquence : Pour tous points A, B et C de l'espace, $\overrightarrow{AB}.\overrightarrow{AC} = \frac{1}{2}\left(AB^2 + AC^2 - BC^2\right)$.

Définitions :

- Deux vecteurs $\vec{u}$ et $\vec{v}$ sont dits **orthogonaux** si $\vec{u}.\vec{v} = 0$. On écrit $\vec{u} \perp \vec{v}$.
- Un repère $(O;\vec{i},\vec{j},\vec{k})$ de l'espace est dit **orthonormé** si les vecteurs $\vec{i}$, $\vec{j}$ et $\vec{k}$ sont deux à deux orthogonaux et si $\left\|\vec{i}\right\| = \left\|\vec{j}\right\| = \left\|\vec{k}\right\| = 1$.

Remarque : Pour tout vecteur $\vec{u}$ de l'espace, $\vec{u} \perp \vec{0}$.

Propriété : Dans un repère orthonormé, le produit scalaire des vecteurs $\vec{u}(x;y;z)$ et $\vec{v}(x';y';z')$ est $\vec{u}.\vec{v} = xx' + yy' + zz'$!

Conséquence : Si dans un repère orthonormé, on a $A(x_A;y_A;z_A)$, $B(x_B;y_B;z_B)$ et $\vec{u}(x;y;z)$, alors $\|\vec{u}\| = \sqrt{x^2+y^2+z^2}$ et $AB = \|\overrightarrow{AB}\| = \sqrt{(x_B-x_A)^2+(y_B-y_A)^2+(z_B-z_A)^2}$.

7.5 Équation cartésienne d'un plan

Définition : Un **vecteur normal à un plan** est un vecteur directeur d'une droite orthogonale à ce plan, donc un vecteur non nul orthogonal à deux vecteurs non colinéaires de ce plan.

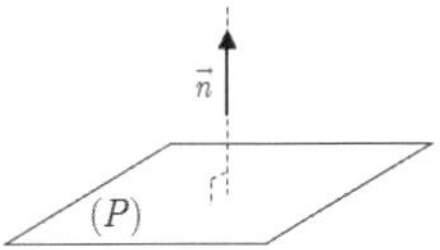

Propriété et définition :

- Si (P) est un plan de l'espace de vecteur normal $\vec{n}(a;b;c)$, il existe $d \in \mathbb{R}$ tel que (P) soit l'ensemble des points $M(x;y;z)$ de l'espace vérifiant $ax+by+cz+d=0$. On dit que $ax+by+cz+d=0$ est une **équation cartésienne** de (P) et on note :

$$(P) : ax+by+cz+d=0$$

- Réciproquement, si $a, b, c, d \in \mathbb{R}$ avec $(a;b;c) \neq (0;0;0)$, alors l'ensemble des points $M(x;y;z)$ vérifiant $ax + by + cz + d = 0$ est un plan de vecteur normal $\vec{n}(a;b;c)$.

Exercice d'application : Déterminer une équation cartésienne du plan (ABC) avec $A(1;1;0)$, $B(-2;1;3)$ et $C(0;2;1)$.

Corrigé : Posons $\vec{n}(a;b;c)$ avec $(a;b;c) \neq (0;0;0)$; $\overrightarrow{AB}(-3;0;3)$, $\overrightarrow{AC}(-1;1;1)$; les coordonnées de $\overrightarrow{AB}$ et $\overrightarrow{AC}$ ne sont pas proportionnelles, donc ces vecteurs ne sont pas colinéaires. On a alors :

$$\vec{n} \text{ vecteur normal au plan } (ABC) \Leftrightarrow \vec{n}.\overrightarrow{AB} = \vec{n}.\overrightarrow{AC} = 0$$
$$\Leftrightarrow \begin{cases} -3a + 3c = 0 \\ -a + b + c = 0 \end{cases} \Leftrightarrow \begin{cases} a = c \\ b = 0 \end{cases}$$

On en déduit (en prenant $a = 1$, $b = 0$ et $c = 1$) que $\vec{n}(1;0;1)$ est un vecteur normal au plan (ABC). Une équation de (ABC) est donc de la forme $x + z + d = 0$ avec $d \in \mathbb{R}$. Puisque $A \in (ABC)$, alors $x_A + z_A + d = 0$, donc $1 + 0 + d = 0$, puis $d = -1$. D'où $(ABC) : x + z - 1 = 0$.

PARTIE 2

Physique

Chapitre 8
ONDES

8.1 Présentation

Définition : Une **onde** est la propagation d'une perturbation dans un espace matériel ou non.

Remarque : Une onde transporte de l'énergie sans emporter la matière. Sa vitesse dépend du milieu traversé.

Il existe deux types d'ondes :

- celles qui ont obligatoirement besoin de milieux matériels pour se propager, appelées **ondes mécaniques** ;
- et celles qui peuvent aussi se déplacer dans le vide, appelées **ondes électromagnétiques**.

Exemples : Les ondes sismiques et les ondes sonores sont des ondes mécaniques. La lumière est une onde électromagnétique.

Remarque : Les perturbations occasionnées par les ondes électromagnétiques sont d'origine électrique et magnétique.

Propriété : Les ondes électromagnétiques se déplacent à la vitesse de la lumière. Elles s'étendent sur une large plage de fréquences ou de longueurs d'onde découpée arbitrairement en différents domaines, le domaine du visible étant limité de 400 à 800 nm.

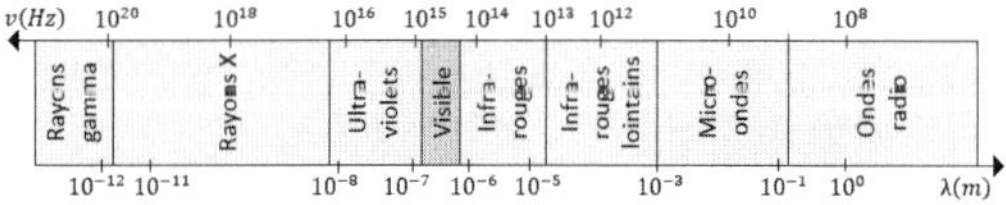

8.2 Rayonnement dans l'univers

Définition : Le **rayonnement** est un phénomène physique qui associe une onde électromagnétique et une particule d'énergie appelée photon.

Remarque : Dans l'univers, on trouve toutes sortes de rayonnements. On peut, en fonction du type de rayonnement, identifier la nature de la source (l'astre) dont il est issu.

La Terre est protégée de certains rayonnements de l'univers par son atmosphère.

Définition : Le **rayonnement cosmique** est constitué de particules cosmiques (noyaux d'hélium, protons…). Elles proviennent par exemple du vent solaire. Les particules sont éjectées lors d'éruptions solaires.

La Terre est protégée du rayonnement cosmique par sa magnétosphère.

8.3 Onde progressive

Définition : Une onde est dite **progressive** lorsqu'elle se propage dans toutes les directions en produisant une modification temporaire du milieu. Elle peut donc être **unidimensionnelle** (comme sur une corde), **bidimensionnelle** (comme sur l'eau) ou **tridimensionnelle** (comme dans l'air).

Remarque : La perturbation peut être perpendiculaire à la direction de propagation, elle est alors dite **transversale** ; elle peut aussi être parallèle à la direction de propagation, elle est alors dite **longitudinale**.

Définition : L'**élongation** est la position d'un point du milieu lors du passage de la perturbation par rapport à sa position de repos.

Définition : La **célérité** ou **vitesse** d'une onde, notée c ou v, est le rapport en mètre par seconde ($m.s^{-1}$) entre la distance qu'elle parcourt d, en mètre, et le temps mis pour parcourir cette distance τ, en seconde (appelé retard) :

$$v = c = \frac{d}{\tau}$$

Définition : Les **ondes progressives périodiques** sont des ondes qui propagent des perturbations à intervalles de temps réguliers appelés périodes T (exprimées en seconde).

Définition : Une onde est **sinusoïdale** si l'élongation suit en tout point du milieu de propagation une fonction sinusoïdale du temps.

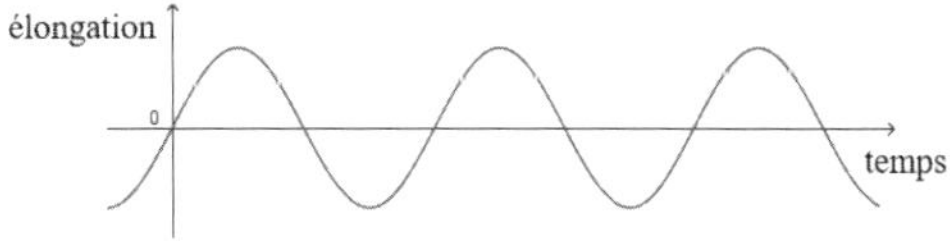

Définition : La **fréquence** de l'onde, notée f ou ν, est le nombre de perturbations ou de périodes par unité de temps. Elle s'exprime en hertz (Hz) :

$$f = \nu = \frac{1}{T} \text{ (}T\text{ en seconde)}$$

Définition : La **longueur d'onde** (notée λ) ou **périodicité spatiale** de l'onde est la plus petite distance séparant deux points du milieu dans le même état perturbé. Elle s'exprime en mètre (m).

Propriété : Avec une onde progressive périodique, la longueur d'onde, la fréquence et la célérité de l'onde sont liées par les formules : $c = \frac{\lambda}{T}$ et $c = \lambda f$ (c en $m.s^{-1}$, T en m, f en Hz)

8.4 Onde sonore

Ces ondes sont mécaniques, longitudinales et tridimensionnelles. Elles se propagent dans le milieu en entraînant des perturbations correspondant à des compressions-dilatations de l'espace matériel.

L'oreille humaine perçoit les ondes sonores dont la fréquence est comprise entre 20 Hz et 20 000 Hz.

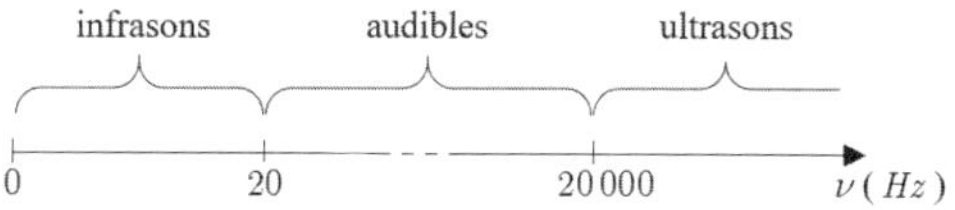

Un **son pur** est périodique sinusoïdal. Il peut par exemple être produit par un diapason.

Un **son complexe**, produit par la voix ou un instrument de musique, est périodique non sinusoïdal. Il est la somme n de signaux sinusoïdaux superposés en série de Fourier. Tous ces signaux appelés harmoniques ont une fréquence f_n multiple d'une fréquence f_1 appelée fréquence fondamentale : $f_n = n \times f_1$ (f_1 et f_n en Hz)

Définitions :

- Le **timbre** distingue deux sons de même fréquence fondamentale mais d'harmoniques différents en intensité et en nombre.
- La **hauteur** distingue deux sons de fréquences fondamentales différentes.
- L'**intensité sonore** (notée I) est définie par le rapport entre la puissance P de la source sonore et la surface S du récepteur. Elle s'exprime en watt par mètre carré ($W.m^{-2}$) : $I = \frac{P}{S}$ (I en $W.m^{-2}$, P en W et S en m^2)

L'intervalle d'intensité sonore audible se situe entre l'intensité minimale audible $I_0 = 1,0 \times 10^{-12}\ W.m^{-2}$ et le seuil de douleur endommageant de façon irréversible le système auditif $I_{doul} = 1,0\,W.m^{-2}$. Cet intervalle étant très étendu, une grandeur a été créée, de façon à le ramener à une échelle réduite : le niveau d'intensité sonore, noté L et exprimé en décibel (dB).

$$L = 10\log\left(\frac{I}{I_0}\right) \quad (L \text{ en } dB,\ I \text{ et } I_0 \text{ en } W.m^{-2})$$

Exemple : Une intensité sonore de $I = 1,0 \times 10^{-5}\ W.m^{-2}$ correspond à un niveau d'intensité sonore de $L = 10\log\left(\frac{1,0 \times 10^{-5}}{1,0 \times 10^{-12}}\right) = 10\log\left(10^{7}\right) = 70\,dB.$

8.5 Effet Doppler

Définition : Une onde électromagnétique ou mécanique de vitesse V_{onde} (en $m.s^{-1}$) de fréquence f_E (en Hz) émise par une source est perçue à une fréquence différente f_R (en Hz) si la source et le récepteur sont en mouvement relatif. Ce phénomène est appelé **effet Doppler**.

La vitesse relative V_R (en $m.s^{-1}$) de la source par rapport au récepteur est donnée par la formule :

$$V_R = \frac{V_{onde} \times \left|f_R - f_E\right|}{f_R}$$

Remarque : Si la source s'éloigne du récepteur, alors $f_R < f_E$; si elle s'en rapproche, alors $f_R > f_E$.

8.6 Diffraction

Définition : La **diffraction** d'une onde est la capacité que possède l'onde à s'étaler dans toutes les directions du milieu après rencontre d'une ouverture ou d'un obstacle. La dimension de l'obstacle doit être inférieure ou de même ordre de grandeur que la longueur d'onde de l'onde.

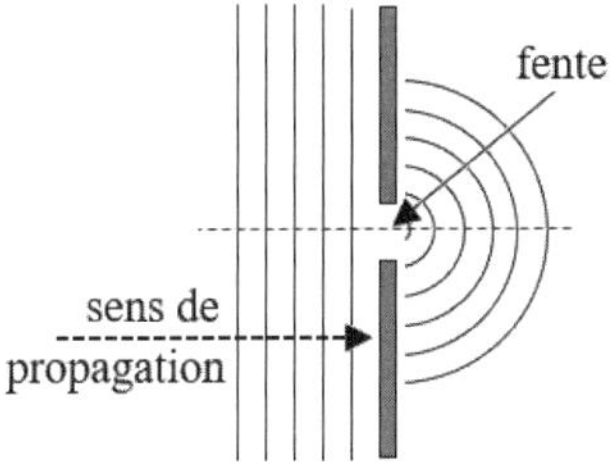

Les ondes lumineuses créent une figure de diffraction en envoyant une lumière monochromatique (provenant d'un laser) de longueur d'onde λ (en m) sur une fente étroite ou un fil. Sur l'écran à la distance D (en m) de la fente ou obstacle de dimension a (en m), on voit apparaître une alternance de zones lumineuses et sombres avec une tache centrale étendue, lumineuse, de longueur l (en m).

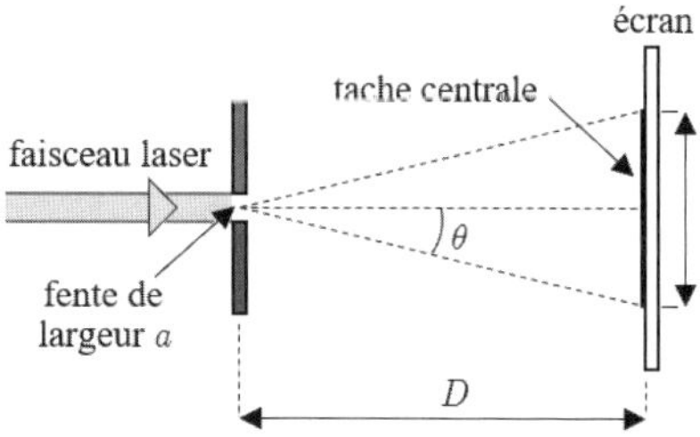

Définition : L'**écart angulaire** ou **demi-angle de diffraction** est l'angle θ, en radian, entre le rayon lumineux incident du laser et le rayon arrivant en bordure de la tache centrale avant la première extinction.

$$\theta = \frac{\lambda}{a} = \frac{l}{2D}$$

8.7 Interférences

Il y a interférence en tout point du milieu lorsque deux ondes de même fréquence se superposent.

a) Interférences constructives et destructives de deux sources cohérentes

Deux sources sont cohérentes si elles émettent des ondes sinusoïdales de même fréquence (même période T) et qu'elles gardent entre elles un déphasage $\Delta\tau$ constant (en seconde).

Si $\Delta\tau = kT$ avec $k \in \mathbb{Z}$, les sources sont en phase, les interférences sont constructives, l'amplitude résultante est la superposition des deux amplitudes des ondes incidentes.

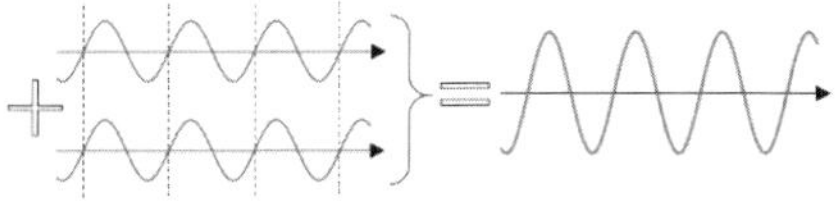

Si $\Delta\tau = (2k+1)\dfrac{T}{2}$ avec $k \in \mathbb{Z}$, les sources sont en opposition de phases, les interférences sont destructives, l'amplitude résultante de la superposition des deux ondes est nulle.

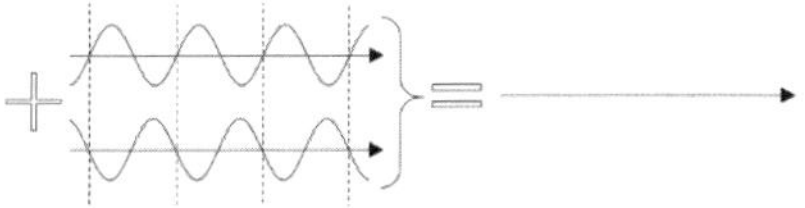

b) Figure d'interférence

Des ondes lumineuses issues d'une source laser (λ), envoyées sur des fentes d'Young S_1 et S_2, écartées d'une distance a, jouent le rôle de deux sources cohérentes. Les deux faisceaux lumineux en sortie de fentes interfèrent dans une partie commune, ce qui, à l'écran, donne une succession de franges équidistantes alternativement brillantes (interférence constructive) et sombres (interférence destructive).

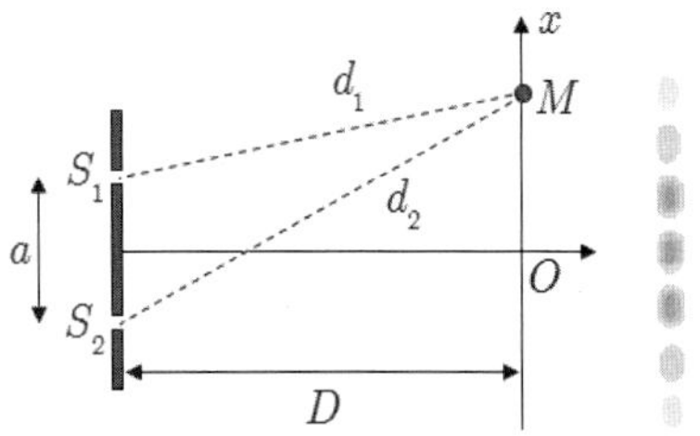

La différence de marche δ (en m) entre les trajets d_1 et d_2 des deux rayons jusqu'au point M de l'écran est : $\delta = d_2 - d_1$

Dans la zone d'interférence constructive (franges brillantes) : $\delta = k\lambda$ avec $k \in \mathbb{Z}$

Dans la zone d'interférence destructive (franges sombres) : $\delta = \left(k + \frac{1}{2}\right)\lambda$ avec $k \in \mathbb{Z}$

L'interfrange i, distance qui sépare deux franges brillantes ou sombres consécutives, se calcule d'après : $i = \frac{\lambda D}{a}$.

Chapitre 9
MÉCANIQUE

9.1 Description d'un mouvement

Définitions : La **cinématique** est l'étude des mouvements des systèmes sans recherche de leurs causes. Un **système** est un objet qui peut être un corps, un solide ou un mobile.

L'étude se fait en modélisant le système en un point unique, par son centre d'inertie, et dans un certain référentiel appelé galiléen, dans lequel les lois de Newton sont vérifiées.

Dans un repère orthonormé $(O; \vec{i}, \vec{j}, \vec{k})$ associé à un référentiel, la position d'un point $M(t)$ représentant un solide en mouvement, à chaque instant t (en seconde), est donnée par le vecteur position $\overrightarrow{OM}(t) = x(t)\vec{i} + y(t)\vec{j} + z(t)\vec{k}$, où $x(t)$, $y(t)$ et $z(t)$ sont appelées **équations horaires** du mouvement.

Définition : La **trajectoire** est l'ensemble des positions $M(t)$ occupées au cours du mouvement.

9.2 Vitesse d'un système

Définitions : Le vecteur vitesse d'un point M caractérise la variation du vecteur position $\overrightarrow{OM}$ en fonction du temps.

- Le **vecteur vitesse moyenne** $\overrightarrow{v_{m_i}}$ d'un point M_i du solide en mouvement en une date t_i est la variation du vecteur position $\overrightarrow{OM}$ sur un intervalle de temps t_{i-1} à t_{i+1} noté Δt (en seconde) : $\overrightarrow{v_{m_i}} = \dfrac{\overrightarrow{M_{i-1}M_{i+1}}}{t_{i+1} - t_{i-1}} = \dfrac{\Delta\overrightarrow{OM_i}}{\Delta t}$

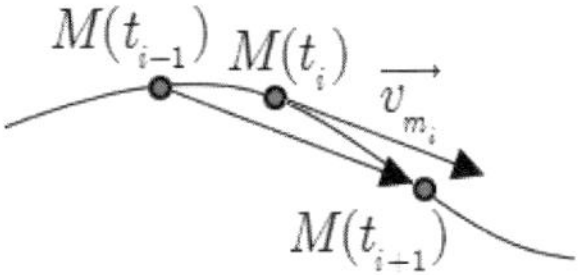

- Le **vecteur vitesse instantanée** $\vec{v}(t_i)$ est la limite quand $\Delta t \to 0$ de $\dfrac{\Delta\overrightarrow{OM_i}}{\Delta t}$.
- Le **vecteur vitesse** en un point $M(t)$ de la trajectoire est la dérivée du vecteur position $\overrightarrow{OM(t)}$ par rapport au temps : $\vec{v}(t) = \dfrac{d\left(\overrightarrow{OM}\right)}{dt}$.

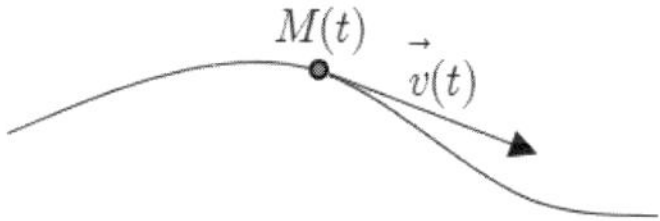

Le vecteur vitesse en ce point est tangent à la trajectoire et dirigé dans le sens du mouvement.

Conséquence : Dans le repère $(O;\vec{i},\vec{j},\vec{k})$,
$\vec{v}(t) = v_x(t)\vec{i} + v_y(t)\vec{j} + v_z(t)\vec{k} = \dfrac{dx}{dt}\vec{i} + \dfrac{dy}{dt}\vec{j} + \dfrac{dz}{dt}\vec{k}$.

Définition : La **valeur de la vitesse** (en $m.s^{-1}$) d'un point $M(t)$ est $\left\|\vec{v}(t)\right\| = \sqrt{v_x^2(t) + v_y^2(t) + v_z^2(t)}$.

9.3 Accélération

Définitions : Le vecteur accélération d'un point $M(t)$ caractérise la variation du vecteur vitesse en fonction du temps.

- Le **vecteur accélération moyenne** $\overrightarrow{a_{m_i}}$ d'un point M_i du solide en mouvement en une date t_i est la variation du vecteur vitesse $\vec{v_i}$ sur un intervalle de temps t_{i-1} à t_{i+1} noté Δt (en seconde) : $\overrightarrow{a_{m_i}} = \dfrac{\overrightarrow{v_{i+1}} - \overrightarrow{v_{i-1}}}{t_{i+1} - t_{i-1}} = \dfrac{\Delta\vec{v_i}}{\Delta t}$
- Le **vecteur accélération instantanée** $\vec{a}(t)$ est la limite quand $\Delta t \to 0$ de $\dfrac{\Delta\vec{v_i}}{\Delta t}$.

- Le **vecteur accélération** en un point $M(t)$ de la trajectoire est la dérivée du vecteur vitesse $\vec{v}(t)$ par rapport au temps : $\vec{a}(t) = \dfrac{d\vec{v}}{dt}$

Conséquence : Dans le repère $(O;\vec{i},\vec{j},\vec{k})$,

$$\vec{a}(t) = a_x(t)\vec{i} + a_y(t)\vec{j} + a_z(t)\vec{k} = \frac{dv_x}{dt}\vec{i} + \frac{dv_y}{dt}\vec{j} + \frac{dv_z}{dt}\vec{k}$$
$$= \frac{d^2x}{dt^2}\vec{i} + \frac{d^2y}{dt^2}\vec{j} + \frac{d^2z}{dt^2}\vec{k}$$

Remarque : $a_x(t)$, $a_y(t)$ et $a_z(t)$ sont les dérivées secondes des coordonnées du point $M(t)$ en fonction du temps.

Définition : La valeur de l'accélération (en $m.s^{-2}$) d'un point $M(t)$ est $\left\|\vec{a}(t)\right\| = \sqrt{a_x^2(t) + a_y^2(t) + a_z^2(t)}$.

9.4 Les différents mouvements

Définition : Un mouvement est dit **rectiligne uniforme** lorsque sa trajectoire est une droite et que le vecteur vitesse est constant : $\vec{v}(t)$= constante

Remarque : Pour un tel mouvement, le vecteur accélération est nul :$\vec{a}(t) = \vec{0}$

Définition : Un mouvement est dit **rectiligne uniformément varié** lorsque sa trajectoire est une droite et que le vecteur accélération est constant : $\vec{a}(t)$ = constante.

Définition : Un mouvement est dit **circulaire uniforme** lorsque sa trajectoire est un arc de cercle et que la valeur de la vitesse en tout point est constante ($\left\|\vec{v}(t)\right\| =$ constante).

Propriété : Pour un tel mouvement, le vecteur accélération est centripète (dirigé vers le centre de la trajectoire), la valeur de l'accélération est constante et vérifie $a(t) = \dfrac{v^2}{R}$, où v est la vitesse du point et R le rayon de l'arc de cercle.

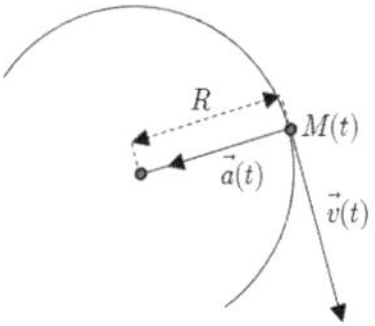

Définition : Un mouvement est dit **circulaire non uniforme** lorsque sa trajectoire est un arc de cercle et que la valeur de la vitesse n'est pas constante ($\left\|\vec{v}(t)\right\| \neq$ constante).

Propriété : Dans un tel mouvement, le vecteur accélération $\vec{a}(t)$ peut se décomposer en la somme de deux vecteurs, une accélération normale $\overrightarrow{a_N}(t)$ et une accélération tangentielle $\overrightarrow{a_T}(t)$: $\vec{a}(t) = \overrightarrow{a_N}(t) + \overrightarrow{a_T}(t)$.

De plus $\overrightarrow{a_N}(t)$ a pour valeur $a_N(t) = \dfrac{v^2(t)}{R}$ et $\overrightarrow{a_T}(t)$ a pour valeur $a_T(t) = \dfrac{dv}{dt}$.

9.5 Quantité de mouvement

Définition : La **quantité de mouvement** $\vec{p}$ est le produit de la masse du système par son vecteur vitesse. Elle dépend du référentiel utilisé, et s'exprime en $kg.m.s^{-1}$.

$$\vec{p} = m\vec{v}$$

Cette quantité de mouvement permet d'étudier un ensemble de corps contenu dans un système.

Loi de conservation de la quantité de mouvement : Lorsque le système est isolé (soumis à aucune force extérieure) et qu'il contient un certain nombre n de corps ($n > 0$), alors le vecteur quantité de mouvement du système est constant : $\vec{p} = \sum_{i=1}^{n} \overrightarrow{p_i} = cste$

Cette loi permet d'étudier la propulsion où on doit avoir $\vec{p}_{avant} = \vec{p}_{après}$.

9.6 Lois de Newton

Définition : La **dynamique** étudie les corps en mouvement sous l'influence des actions mécaniques (modélisées par des forces) qui leur sont appliquées.

Première loi de Newton ou principe d'inertie : Dans un référentiel galiléen, si un système, assimilé à un point matériel, n'est soumis à aucune force extérieure $\overrightarrow{F_{ext}}$ (il est isolé) ou si les forces auxquelles il est soumis se compensent (il est pseudo-isolé), alors ce système est immobile ou animé d'un mouvement rectiligne uniforme : $\sum \overrightarrow{F_{ext}} = \vec{0}$

Deuxième loi de Newton ou principe fondamental de la dynamique : Dans un référentiel galiléen, si un système, assimilé à un point matériel, est soumis à une ou plusieurs forces extérieures, alors la dérivée par rapport au temps du vecteur quantité de mouvement de ce système est égale à la somme vectorielle des forces extérieures qui lui sont appliquées : $\sum \overrightarrow{F_{ext}} = \frac{d\vec{p}}{dt}$

Définition : Deux systèmes sont dits en **interaction** si le mouvement de l'un dépend de l'existence de l'autre.

Exemple : La Terre et le Soleil sont en interaction.

Troisième loi de Newton ou loi des actions réciproques : Si un système A exerce une force $\overrightarrow{F_{A/B}}$ sur un système B, alors le système B va exercer sur le système A une force $\overrightarrow{F_{B/A}}$. Ces deux forces ont même direction, même intensité mais sont de sens opposé : $\overrightarrow{F_{A/B}} = -\overrightarrow{F_{B/A}}$.

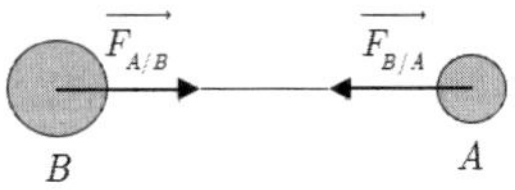

9.7 Application

Étude du mouvement d'un système dans un champ de pesanteur uniforme :

Le système est un corps de masse m modélisé par son centre d'inertie G. Le référentiel est le référentiel terrestre supposé galiléen.

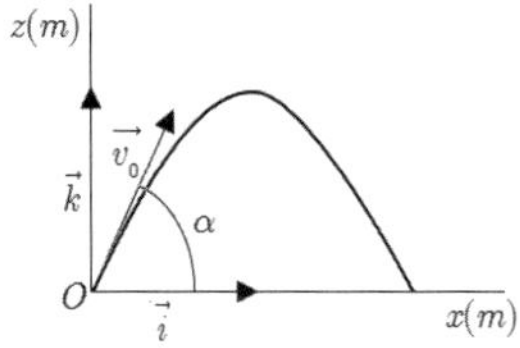

Bilan des forces : Le repère choisi est $(O;\vec{i},\vec{j},\vec{k})$, O étant confondu avec G, centre d'inertie du corps à l'instant initial de l'étude ; $\vec{v_0}$ est le vecteur vitesse initiale dans le plan $(O;\vec{i},\vec{k})$ de ce corps.

Le système est soumis à son poids $\vec{P} = m\vec{g}$, et aux forces de frottement de l'air $\vec{F}_{air/corps}$. Si ces dernières sont négligeables devant le poids du corps, le système est dit en chute libre.

Selon la deuxième loi de Newton, $\sum \vec{F}_{ext} = \frac{d\vec{p}}{dt}$, donc $\vec{P} = m\frac{d\vec{v}}{dt}$ (avec m constante durant le mouvement), d'où $m\vec{g} = m\vec{a}$, puis $\vec{g} = \vec{a}$.

Si on projette dans le repère le vecteur $\vec{g}$ et qu'on utilise les coordonnées de l'accélération, l'égalité vectorielle issue de la deuxième loi de Newton donne $\vec{a}(t) = a_x(t)\vec{i} + a_y(t)\vec{j} + a_z(t)\vec{k}$ avec $a_x(t) = 0$, $a_y(t) = -g$ et $a_z(t) = 0$.

En projetant dans le repère le vecteur vitesse initiale $\vec{v_0}(v_0 \cos\alpha; v_0 \sin\alpha)$ et en intégrant par rapport au temps les coordonnées du vecteur accélération $\vec{a}$, on détermine le vecteur vitesse : $\vec{v}(t) = v_x(t)\vec{i} + v_z(t)\vec{k}$, avec $v_x(t) = v_0 \cos\alpha$ et $v_z(t) = -gt + v_0 \sin\alpha$.

En projetant dans le repère le vecteur $\overrightarrow{OG_0}$ vecteur position initiale ($\overrightarrow{OG_0} = \vec{0}$) et en intégrant par rapport au temps les coordonnées du vecteur vitesse $\vec{v}(t)$, on détermine le vecteur position $\overrightarrow{OG} = x(t)\vec{i} + y(t)\vec{j} + z(t)\vec{k}$, avec $x(t) = v_0 t \cos\alpha$, $y(t) = 0$ et $z(t) = -\frac{1}{2}gt^2 + v_0 t \sin\alpha$.

Les coordonnées du vecteur position dépendent du temps, ce sont les équations horaires du mouvement. Par substitution, l'équation de trajectoire du système dans un champ de pesanteur uniforme est : $z(x) = -\frac{g}{2v_0^2 \cos^2\alpha}x^2 + x\tan\alpha$.

9.8 - Lois de Kepler

Kepler, au début du XVIIe siècle, formule trois lois permettant de décrire le mouvement des planètes autour du Soleil ou des satellites autour des planètes.

1re loi : loi des orbites

Les planètes du système solaire décrivent des trajectoires elliptiques dont le Soleil occupe l'un des foyers.

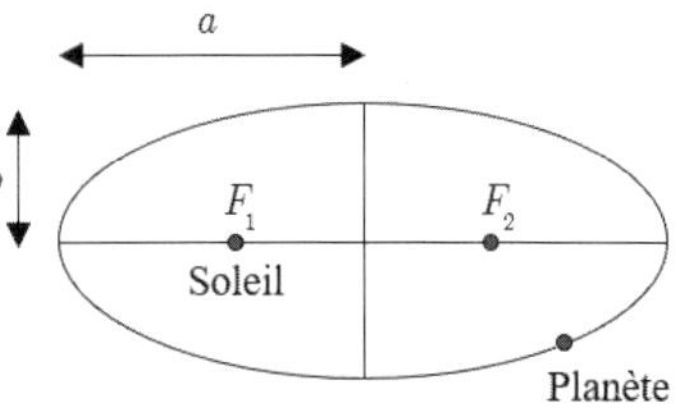

2e loi : loi des aires

L'aire A_1 balayée par le segment $[SP]$ occupant deux positions sur la trajectoire pendant une certaine durée Δt est égale à l'aire A_2 balayée par le segment $[SP]$ occupant deux autres positions de la trajectoire pendant cette même durée Δt.

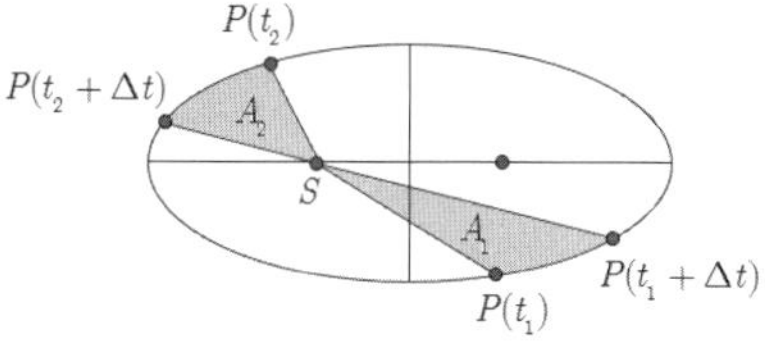

3e loi : loi des périodes

Si a est le demi-grand axe de l'ellipse et T la période de révolution de la planète, alors $\frac{T^2}{a^3} = cste$.

Application : Trajectoire d'un satellite autour d'un astre.

Le système est le satellite modélisé par son centre d'inertie S. Le référentiel est le référentiel géocentrique muni d'un repère de Frenet tournant $(S; \vec{u_t}, \vec{u_n})$. On suppose que la trajectoire est circulaire, de rayon r.

Bilan des forces : la seule force non négligeable est la force d'attraction gravitationnelle exercée par l'astre sur le satellite $\vec{F}_{A/S} = \frac{Gm_S m_A}{r^2}\vec{u_n}$. L'application de la deuxième loi de Newton donne $\sum \vec{F}_{ext} = \frac{d\vec{p}}{dt} = m_s \vec{a}$, d'où $\frac{Gm_S m_A}{r^2} \overrightarrow{u_n} = m_S \vec{a}$, puis $\frac{Gm_A}{r^2} \overrightarrow{u_n} = \vec{a}$. Dans le repère de Frenet, $\vec{a} = \frac{dv}{dt} \overrightarrow{u_t} + \frac{v^2}{r} \overrightarrow{u_n}$. Si on utilise les coordonnées de l'accélération, l'égalité vectorielle issue de la deuxième loi de Newton donne $\frac{dv}{dt} = 0$ et $\frac{Gm_A}{r^2} = \frac{v^2}{r}$, d'où $v = cste$ (le mouvement est donc uniforme) et $v = \sqrt{\frac{Gm_A}{r}}$. La période de révolution T est le temps mis par le satellite pour faire un tour de trajectoire $2\pi r$. Puisque $v = \frac{2\pi r}{T}$, alors $T = 2\pi \sqrt{\frac{r^3}{Gm_A}}$.

Chapitre 10
ÉNERGIES

10.1 Travail d'une force

Définitions : On appelle **action mécanique** toute cause pouvant mettre en mouvement un système, modifier son mouvement, le déformer, aider à le maintenir en équilibre.

Cette action est modélisée par une force $\overrightarrow{F}$ grandeur vectorielle. Son intensité s'exprime en newton (N).

Le **travail** d'une force constante $\overrightarrow{F}$ est le produit scalaire de la force par le vecteur déplacement $\overrightarrow{AB}$ (exprimé en mètre) du système, il est noté $W_{AB}\left(\overrightarrow{F}\right)$ et s'exprime en joule (J) :
$W_{AB}\left(\overrightarrow{F}\right) = \overrightarrow{F}.\overrightarrow{AB} = F \times AB \cos \alpha$

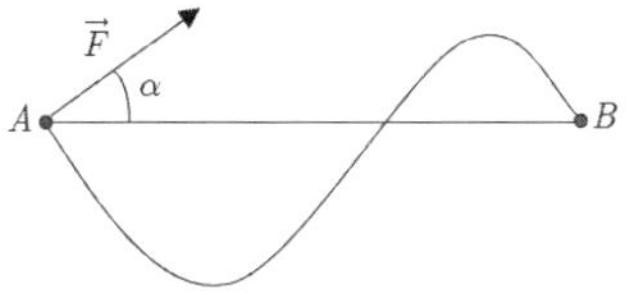

On dit que le travail est **moteur** si $W_{AB}\left(\overrightarrow{F}\right) > 0$, **résistant** si $W_{AB}\left(\overrightarrow{F}\right) < 0$, et **nul** si $W_{AB}\left(\overrightarrow{F}\right) = 0$ (lorsque $\alpha = 90°$).

Une force est dite **conservatrice** lorsqu'elle ne dépend pas du déplacement et de la longueur du trajet effectué.

Propriété : Si le déplacement n'est pas rectiligne et que la force est **conservatrice,** le travail ne dépend que des points de départ et d'arrivée.

Exemples :

- Le travail du poids $\vec{P} = m\vec{g}$ ($g = \left\|\vec{g}\right\|$ étant l'intensité de pesanteur en $N.kg^{-1}$ et m la masse du système en kg), dans un repère $(O;\vec{i},\vec{k})$ ascendant du référentiel terrestre, les points A et B ayant pour altitudes respectives z_A et z_B, sera $W_{AB}\left(\vec{P}\right) = \vec{P}.\overrightarrow{AB} = mg(z_A - z_B)$.

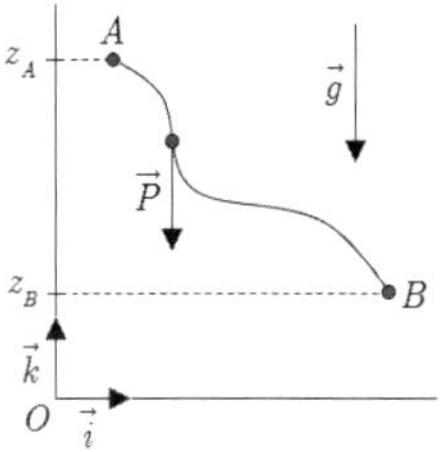

- Le travail d'une force électrostatique $\vec{F}$ d'une particule de charge q (en C) dans le référentiel terrestre, entre deux points A et B d'un condensateur (soumis à la tension U_{AB} en volt) où règne un champ électrostatique uniforme $\vec{E}$, sera $W_{AB}\left(\vec{F}\right) = \vec{F}.\overrightarrow{AB} = q \times U_{AB}$.

- Les forces de frottement $\vec{f}$ sont non conservatrices. Elles sont opposées au mouvement, leur travail est résistant : $W_{AB}\left(\vec{f}\right) = -f \times AB$

10.2 Énergie potentielle

Définition : L'énergie potentielle Ep, exprimée en joule (J), est la capacité d'un système à réaliser un travail en fonction de la force conservatrice à laquelle il est soumis. Ainsi, à toute force conservatrice, on associe une énergie potentielle.

- Dans le cas du poids, on associe l'énergie potentielle de pesanteur Epp. Puisque $W_{AB}\left(\vec{P}\right) = \vec{P}.\overrightarrow{AB}$ $= mg(z_A - z_B) = mgz_A - mgz_B$, alors $Epp = mgz$.
- Dans le cas de la force électrostatique, on associe l'énergie potentielle électrique $Epé$. Puisque $W_{AB}\left(\vec{F}\right) = q \times U_{AB} = q(V_A - V_B) = qV_A - qV_B$ (V étant le potentiel électrique en un point exprimé en volt), alors $Epé = qV$.

Propriété : La variation d'énergie potentielle ΔEp, exprimée en joule, d'un système se déplaçant d'un point A (état initial i) à un point B (état final f) est égale à l'opposé du travail de la ou des forces conservatrices de ce système :

$$\Delta Ep = Ep_f - Ep_i = Ep_B - Ep_A = -W_{AB}\left(\vec{F}\right)$$

10.3 Énergie mécanique

Définition : L'**énergie mécanique**, exprimée en joule, désigne l'énergie d'un système emmagasinée sous forme d'énergie cinétique Ec liée à sa vitesse et d'énergie potentielle Ep (Epp ou $Ep\acute{e}$) : $Em = Ec + Ep$

Propriété : L'énergie mécanique d'un système se conserve lorsque toute son énergie cinétique se transforme en énergie potentielle et qu'inversement, sa variation au cours du mouvement est nulle : $\Delta Em = \Delta Ec + \Delta Ep = 0$

Remarque : L'énergie mécanique ne se conserve pas lorsque sa variation est égale au travail des forces non conservatrices $\vec{f}$. Il n'y a que transfert partiel d'énergie cinétique en énergie potentielle : $\Delta Em = W\left(\vec{f}\right)$

Les frottements étant des forces non conservatives, ils sont qualifiés de dissipatifs, car ils contribuent à la diminution de l'énergie mécanique.

10.4 Transfert macroscopique

Le principe : L'**énergie interne** d'un système notée U, exprimée en joule, résulte des contributions microscopiques comme l'énergie cinétique et potentielle des particules de la matière composant le système. La **variation** de cette énergie interne ΔU d'un système est due à des échanges avec le milieu extérieur au système, elle est la somme des transferts thermiques Q et des travaux des forces W (exprimés en joule) : $\Delta U = Q + W$

Définition : On dit que le **système a gagné de l'énergie** lorsque $\Delta U > 0$, et qu'il en a **perdu** lorsque $\Delta U < 0$.

Cas particuliers :

- Quand le système subit une variation de température sans changement d'état, la variation d'énergie interne se calcule d'après la différence des températures initiale et finale (T_i et T_f exprimées en $°C$ ou $°K$) et d'après la capacité thermique massique du système c en $J.C^{-1}.Kg^{-1}$ ou $J.K^{-1}.Kg^{-1}$: $\Delta U = mc(T_f - T_i)$
- Le transfert thermique Q lors d'échanges avec le milieu extérieur est calculé d'après le flux thermique φ en watt et le temps du transfert Δt en seconde : $Q = \varphi \times \Delta t$. Le flux thermique φ est une grandeur qui dépend de la résistance thermique du matériau R_{th} exprimée en $C.W^{-1}$ ou $K.W^{-1}$ et de la différence de température en $°C$ ou $°K$ entre deux parois planes T_1 et T_2 du matériau : $\varphi = \dfrac{T_1 - T_2}{R_{th}}$

La résistance thermique du matériau R_{th} se calcule d'après $R_{th} = \dfrac{e}{\lambda S}$, où λ est la conductivité thermique du matériau exprimée en $W.K^{-1}.m^{-1}$, e son épaisseur en m et S sa surface en m^2.

10.5 Transfert quantique

La lumière présente un aspect ondulatoire et particulaire, ce dernier étant modélisé par les photons de lumière.

Définition et propriété : L'énergie d'un photon de lumière appelée **quantum d'énergie** par Einstein est le produit de la constante de Planck h en $J.s$ par la fréquence du rayonnement ν en Hz : $E = h\nu$

Propriété (relation de De Broglie) : Lorsqu'une particule matérielle de masse faible, comme un électron, un proton ou un neutron, se déplace à une vitesse inférieure à celle de la lumière, alors sa quantité de mouvement p en $kg.m.s^{-1}$ est telle que $p = \frac{h}{\lambda}$.

Remarque : La relation de De Broglie associe à toute particule matérielle ou non une longueur d'onde λ en mètre d'après la dualité onde-particule.

Application : Les lasers émettent des photons de même fréquence, de même direction et en phase. Leur énergie est égale à la différence d'énergie entre deux niveaux énergétiques d'atomes placés dans le « milieu laser », appelé oscillateur laser : $E = h\nu$.

Chapitre 11
RELATIVITÉ

11.1 Mesure du temps

L'oscillateur mécanique comparable à un pendule peut servir à mesurer le temps. Un pendule est constitué d'un fil de masse négligeable de longueur l et d'une petite boule de masse m.

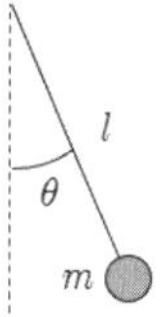

Propriété : Lorsque, dans un pendule, les forces de frottement sont négligeables, les oscillations sont libres. Alors, dans le cas d'une faible amplitude ($\theta < 20°$), la période d'oscillation T ne dépend que de la longueur l du fil et de l'intensité de pesanteur g du lieu, et on a :

$$T = 2\pi\sqrt{\frac{l}{g}}$$

où T, l et g sont respectivement exprimées en s, m et $m.s^{-2}$.

Ces horloges ou oscillateurs ne peuvent cependant pas constituer un bon étalon du temps, les frottements étant importants. On se sert aujourd'hui, comme étalons, des horloges atomiques, qui fonctionnent d'après la fréquence de la radiation correspondant à la transition énergétique entre deux niveaux hyperfins de l'état fondamental de l'atome de césium 133.

La seconde est la durée de $9\,192\,631\,770$ périodes de cette radiation.

11.2 Vitesse de la lumière

En 1905, Einstein postule que la lumière dans le vide est la même dans tous les référentiels galiléens : $c_0 = 299\,792\,458\,m.s^{-1}$

Cette célérité est une vitesse limite qui ne peut être dépassée par aucun signal ou particule.

11.3 Relativité restreinte

La théorie de la relativité restreinte repose sur **deux postulats** :

- Les lois de la physique s'expriment de la même façon dans tous les référentiels galiléens.
- La vitesse de la lumière est indépendante du mouvement de la source lumineuse et est invariante dans tout changement de référentiel galiléen.

Conséquence : L'écoulement du temps dépend du référentiel.

Définitions : **La durée propre** ΔT_p est la durée mesurée d'un événement par une horloge immobile dans le référentiel propre de l'objet où a lieu l'événement (l'objet étant immobile). **La durée mesurée** ΔT_m est la durée mesurée de l'événement par une horloge dans un autre référentiel en mouvement par rapport à l'objet siège de l'événement.

On observe que les deux horloges ne mesurent pas le même temps : c'est le **phénomène de dilatation des durées**.

Plus précisément, $\Delta T_m > \Delta T_p$ et on a : $\Delta T_m = \gamma \times \Delta T_p$

où ΔT_m et ΔT_p sont exprimées en s, et où γ est le coefficient sans unité défini par : $\gamma = \frac{1}{\sqrt{1 - \frac{v^2}{c^2}}}$

v étant la vitesse relative (en $m.s^{-1}$) d'un référentiel par rapport à l'autre, et c la vitesse (aussi en $m.s^{-1}$) de la lumière dans le vide.

Chapitre 12
NUMÉRISATION

12.1 Transmission

Une information est transmise *via* une chaîne de transmission qui comporte un encodeur, un canal de transmission (composé de l'émetteur et du récepteur, du milieu de transmission) et un décodeur.

Les milieux de transmission sont, par exemple, l'air, la fibre optique, etc.

12.2 Signal numérique

Un **signal analogique** suit l'évolution d'une grandeur physique, comme l'intensité sonore, la tension... Il varie de manière continue dans le temps.

Un **signal numérique** ne prend que certaines valeurs appelées valeurs discrètes dans le temps. Ces valeurs sont converties en nombres binaires (composés de chiffres 0 et 1). Un bit est la plus petite unité d'information, il peut prendre la valeur de 0 ou 1.

Un convertisseur analogique-numérique **CAN** réalise la conversion d'un signal analogique en un signal numérique.

La résolution d'un convertisseur est liée à son pas et à sa fréquence d'échantillonnage : plus le pas est petit et la fréquence d'échantillonnage élevée, et plus la qualité de conversion analogique-numérique est grande.

Définitions : Le **pas** p (dans l'unité de la grandeur mesurée en volt par exemple) est le rapport du plus petit écart de grandeur mesurée (intensité, tension…) par le nombre de bits du CAN : $p = \dfrac{\text{plage de grandeur}}{2^n}$

La **fréquence d'échantillonnage** f_e, en hertz, est le nombre de mesures de grandeur en une seconde, elle est aussi l'inverse de la période d'échantillonnage T_e, en seconde (durée entre deux mesures de la grandeur physique) : $f_e = \dfrac{1}{T_e}$

12.3 Image numérique

Une image couleur numérique est composée de pixels, chaque pixel étant lui-même composé de trois sous-pixels bleu, vert, rouge (B, V, R) permettant par synthèse additive de recomposer une couleur.

Définition : La **définition** correspond au nombre de pixels qui constituent l'image :

Définition = nb de pixels par lignes × nb de colonnes

Un **octet** formé de 8 bits code une nuance d'un sous-pixel R, V ou B. Les $2^8 = 256$ octets (de 0 à 255) vont du plus sombre (0) au plus lumineux (255). Chaque pixel est composé de 3 octets, soit $8 \times 3 = 24$ bits ; on compte donc $2^{24} = 16\,777\,216$ couleurs possibles pour chaque pixel.

Exemples : Un pixel noir est codé R0V0B0. Un pixel bleu, R0V0B255. Un pixel blanc, R255V255B255.

Remarque : Un codage noir et blanc (nuances de gris) attribue à chaque sous-pixel un codage de même nuance, par exemple R100V100B100.

Définition : La **taille d'une image** est le nombre d'octets nécessaires pour coder l'image en entier :

Taille = nb d'octets par pixels × définition

12.4 Atténuation

Définitions : Le **débit binaire** D, en bits par seconde ($bit.s^{-1}$), est la quantité de données numériques transmises par unité de temps, c'est le quotient du nombre n de bits par la durée de transmission Δt (en s) : $D = \dfrac{n}{\Delta t}$.

Le signal va subir un affaiblissement lors de son acheminement par la chaîne de transmission. Cet affaiblissement est dû à une dissipation d'énergie. La puissance P_e d'entrée est supérieure à la puissance P_s de sortie, l'une et l'autre étant exprimées en watt.

La qualité d'une transmission de données est caractérisée par son débit mais aussi par son **atténuation** notée A, en décibel (dB), définie par $A = 10\log\left(\frac{P_e}{P_s}\right)$.

Lorsque le signal se propage dans un câble ou une ligne, l'atténuation dépend aussi de la longueur du câble l en mètre ; on définit alors le **coefficient d'atténuation** α du câble en $dB.m^{-1}$ par $\alpha = \frac{A}{l} = \frac{10}{l}\log\left(\frac{P_e}{P_s}\right)$.

12.5 Stockage

La capacité de stockage sur un disque optique se fait par l'intermédiaire de creux plus ou moins nombreux et de taille réduite. Leur taille est limitée par le phénomène de diffraction.

Propriété : Le faisceau laser lisant ce type de disque possède un écart angulaire $\theta = 1,22\frac{\lambda}{d}$, où d est le diamètre (en m) du faisceau laser et λ sa longueur d'onde (en m).

Remarque : Pour que le faisceau laser lise un seul creux à la fois, d doit être assez petit.

PARTIE 3

Chimie

Chapitre 13
CHIMIE ORGANIQUE

13.1 Molécule organique

Définitions : Une **molécule organique** comporte des atomes de carbone et d'hydrogène liés entre eux et éventuellement à d'autres atomes appelés groupes caractéristiques. Les molécules organiques sont nommées suivant des règles de nomenclature. La chaîne principale est la portion de molécule la plus longue, la plus ramifiée, et/ou comporte le groupe caractéristique.

- Les **alcanes** sont des molécules organiques de formule brute C_nH_{2n+2}, ne comportant que des carbones liés par des liaisons covalentes simples. Les règles de nomenclature consistent à compter le nombre d'atomes de carbone dans la chaîne principale : 1C (méthane), 2C (éthane), 3C (propane), 4C (butane), 5C (pentane), 6C (hexane)…
- Les **alcènes** sont des molécules organiques de formule brute C_nH_{2n} comportant une liaison carbone-carbone double. Dans la nomenclature, on compte le nombre d'atomes de carbone dans la chaîne principale et on remplace la terminaison « ane » par « ène » des alcanes : 2C (éthène), 3C (propène)… On place la double liaison dans la chaîne en rajoutant le numéro de l'atome de carbone qui porte cette double liaison.

Propriété : Les alcènes peuvent présenter une **isomérie Z** ou **E** si les groupes d'atomes substituants des carbones de la double liaison AB et A'B' sont différents. Si les groupes les plus importants sont du même côté de la double liaison, l'isomérie est **Z ;** s'ils sont de part et d'autre, elle est **E**.

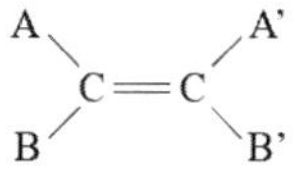

Exemple : (Z)-5-méthylhex-2-ène.

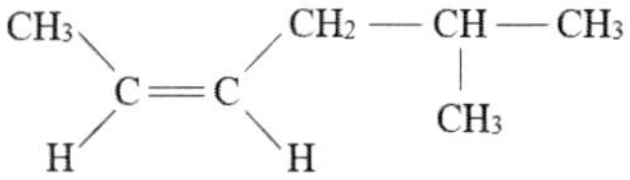

Remarques :

- On peut noter R toute chaîne carbonée faite de liaisons simples entre les atomes de carbone et de liaisons avec les atomes d'hydrogène : $R = C_nH_{2n+1}$
- Cette chaîne R peut aussi être une ramification de la chaîne principale de la molécule organique ; on l'appelle alors groupe alkyle : 1C (méthyl), 2C (éthyl), 3C (propyl)… Pour nommer ce type de ramification, on place le numéro du carbone portant cette ramification devant le groupe alkyle.

Exemple : 2-méthylbutane.

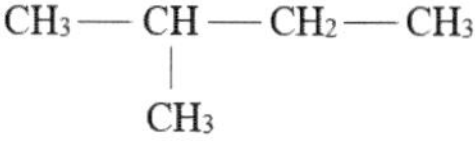

Définitions :

- Les **alcools** sont des molécules organiques qui possèdent le groupe caractéristique hydroxyle $-OH$: $R-OH$ ou $C_nH_{2n+1}-OH$. Pour nommer un alcool, on utilise les règles de nomenclature des alcanes et on remplace la terminaison « e » par « ol ». On nomme la chaîne en rajoutant le numéro de l'atome de carbone portant le groupe hydroxyle.
- Les **aldéhydes** sont des molécules organiques qui possèdent le groupe caractéristique carbonyle $C=O$ placé en fin de chaîne carbonée principale : $R-CH=O$ ou $C_nH_{2n+1}-CH=O$. Pour nommer un aldéhyde, on utilise les règles de nomenclature des alcanes et on remplace la terminaison « e » par « al ».
- Les **cétones** sont des molécules organiques qui possèdent le groupe caractéristique carbonyle $C=O$ placé dans la chaîne carbonée principale, R et R' étant les deux bouts de chaîne de part et d'autre du groupe carbonyle :

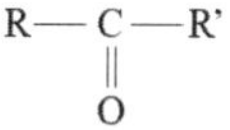

Pour nommer une cétone, on utilise les règles de nomenclature des alcanes et on remplace la terminaison « e » par « one ». On nomme la chaîne principale en rajoutant le numéro de l'atome de carbone portant le groupe carbonyle.

- Les **acides carboxyliques** sont des molécules organiques qui possèdent le groupe caractéristique carboxyle — COOH placé en fin de chaîne carbonée principale : R — COOH. Pour nommer un acide, on utilise les règles de nomenclature des alcanes et on remplace la terminaison « e » par « oïque », en ajoutant « acide » devant le nom.

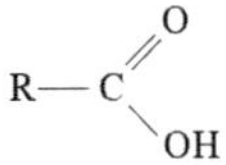

- Les **esters** sont des molécules organiques qui possèdent le groupe caractéristique ester — COOR' placé dans la chaîne carbonée R :

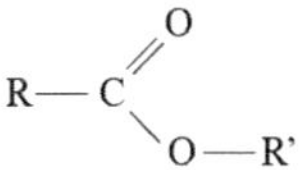

Pour nommer un ester, on utilise le nom de R d'après l'alcane dérivé en rajoutant la terminaison « oate » et on ajoute le groupe alkyle R' en fin de nom.

Par exemple, l'éthanoate d'éthyle a pour formule CH_3 – $COO - CH_2 - CH_3$.

- Les **amines** ont pour formule générale : R – NR'R'', R' et R'' étant des groupes alkyles ou des atomes d'hydrogène.

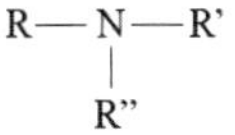

Pour nommer une amine, on donne le nom de l'alcane correspondant à R et on ajoute la terminaison « amine » en donnant sa position dans la chaîne principale. Si R' et R'' ne sont pas des atomes d'hydrogène, on fait précéder N et on rajoute l'alkyle correspondant à R' ou R''.

Par exemple, le N-méthylbutan-2-amine a pour formule :

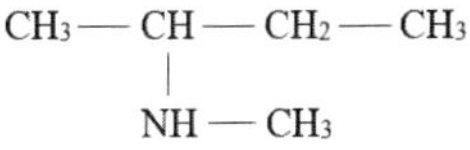

- Les **amides** ont pour formule générale R – CONR'R''.

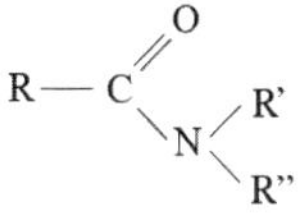

Le nom de l'amide est le nom de l'alcane correspondant à R, auquel on ajoute la terminaison « amide ». Si R' et R'' ne sont pas des atomes d'hydrogène, on fait précéder N et on rajoute l'alkyle correspondant à R' ou R''.

Par exemple, le N-méthyléthanamide a pour formule :

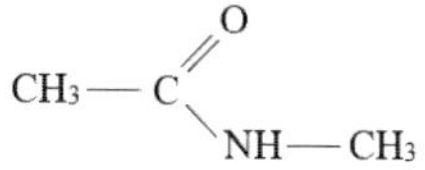

13.2 Spectre UV-visible

Une espèce en solution est traversée par de la lumière. Des interactions lumière-matière peuvent avoir lieu. La lumière peut être en partie transmise et en partie absorbée.

Une espèce est incolore quand elle n'absorbe aucune radiation visible, elle peut alors absorber dans l'UV. Une espèce colorée absorbe dans le visible et sa couleur est la somme des radiations colorées transmises.

Définitions :

- Un **spectre UV-visible** est la représentation graphique de l'absorbance notée A, sans unité, en fonction de la longueur d'onde λ (en nm) des radiations de la lumière qui traverse la solution.

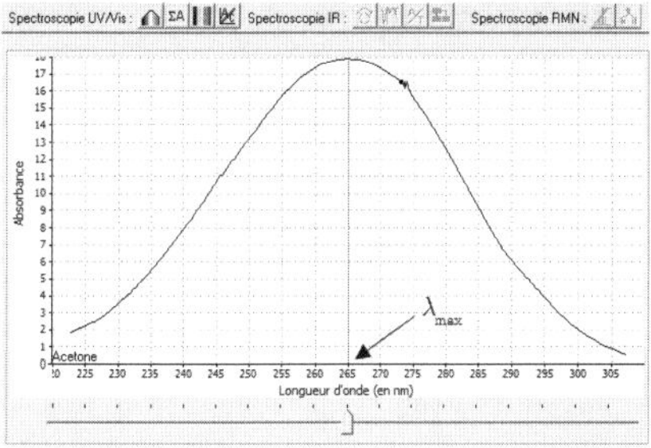

λ_{max} est la longueur d'onde au maximum d'absorption par la solution. Elle permet de caractériser l'espèce ainsi que $\varepsilon(\lambda)$ défini ci-après.

- L'**absorbance** A d'une espèce est déterminée d'après la loi de Beer-Lambert, elle dépend de la longueur de la solution traversée l en mètre, de la concentration de la solution C $(mol.m^{-3})$ et de $\varepsilon(\lambda)$, le coefficient d'absorption molaire en $m^2.mol^{-1}$ pour une longueur d'onde précise.

$$A = \varepsilon(\lambda)lC$$

Propriété : L'absorption de radiations dépend de la structure chimique de l'espèce ; dans les molécules organiques, plus on a de doubles liaisons alternées avec des simples (appelées liaisons doubles conjuguées), et plus λ_{max} est importante.

13.3 Spectre infrarouge

Un spectre infrarouge permet de déterminer la nature des liaisons dans une molécule organique et d'identifier certains groupes caractéristiques.

Des radiations IR sont absorbées par les molécules analysées et font entrer en vibrations des liaisons covalentes.

Le spectre représente la transmittance *T* qui indique le pourcentage de radiation transmise par la molécule en fonction du nombre d'ondes σ en cm^{-1}. Les bandes d'absorption pointent vers le bas.

Remarque : σ est l'inverse de la longueur d'onde λ (en cm) d'une radiation : $\sigma = \dfrac{1}{\lambda}$

Exemple : Spectre IR du propanol

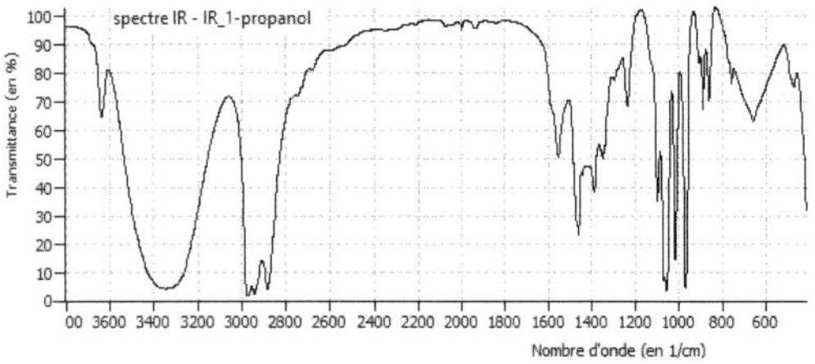

Remarque : On peut identifier facilement la liaison O — H en phase condensée, qui présente une large bande d'absorption à $\sigma = 3350\,cm^{-1}$. Les bandes d'absorption caractéristiques les plus courantes sont les suivantes :

Liaison	Nombre d'ondes (cm^{-1})	Intensité de la bande
Ctétra — H	Entre 2800 et 3000	Forte
O — H	Entre 3200 et 3700	Forte
C = O	Entre1650 et 1750	Forte
N — H	Entre 3100 et 3500	Moyenne
C = C	Entre 1620 et 1690	Moyenne
Ctri — H	Entre 3000 et 3100	Moyenne
C — O	Entre 1050 et 1450	Forte

13.4 Spectre RMN

La spectroscopie RMN sera limitée à la RMN (résonnance magnétique nucléaire) du noyau d'hydrogène appelé proton. Lorsqu'il est placé dans un champ magnétique, il peut absorber un quantum d'énergie provenant d'une radiation électromagnétique.

Définitions : La fréquence associée au quantum absorbé est **la fréquence de résonance**. Cette fréquence est ensuite convertie **en déplacement chimique** δ exprimé en ppm (partie par million) qui ne dépend plus du champ magnétique. Les **protons équivalents** sont les atomes d'hydrogène d'une molécule organique qui ont le même environnement chimique ; ils résonnent pour la même valeur de déplacement chimique δ.

Exemple : Déplacement chimique de quelques protons.

Type de proton	δ (ppm)
$C\mathbf{H_3}-C$	0,8 – 1,2
$C\mathbf{H_3}-CO-O-R$	2,0 – 2,4
$C\mathbf{H_3}-O-CO-R$	3,7 – 4,8
$C-C\mathbf{H_2}-C$	1,2 – 1,4
$C-C\mathbf{H_2}-OH$	3,3 – 3,4
$C-O\mathbf{H}$	0,5 – 6

La **courbe d'intégration** détermine les groupes de protons équivalents qui résonnent pour le même déplacement chimique ; elle apparaît sur le spectre avec différents paliers.

On peut observer un ou plusieurs pics sur le signal pour une valeur de déplacement chimique. Ces pics, appelés **multiplets,** correspondent aux atomes d'hydrogène voisins du groupe de protons équivalents qui résonnent dans le déplacement chimique considéré.

Règle : *n* protons voisins donnent un multiplet de *n* + 1 pics.

Exemple : 2 protons voisins donnent un triplet, 3 protons voisins donnent un quadruplet, etc.

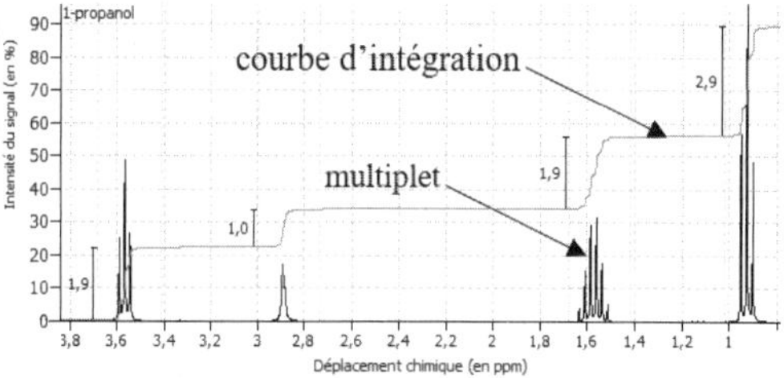

13.5 Stéréoisomères

Définition : Une molécule est dite **chirale** si elle n'est pas superposable à son image dans un miroir plan (comme les deux mains).

Propriétés :

- La molécule chirale ne présente pas de plan ou centre de symétrie.
- Une molécule qui possède un carbone asymétrique noté C*, carbone qui porte des substituants tous différents, est chirale.

On représente les molécules organiques en 3D d'après la représentation de Cram, qui permet de visualiser les différents stéréoisomères.

Définition : On appelle **stéréoisomères de conformation** ceux qui peuvent passer de l'un à l'autre par simple rotation autour d'une liaison simple.

Exemple : Représentation de Cram de deux conformères de la molécule $CHICl - CH_3$.

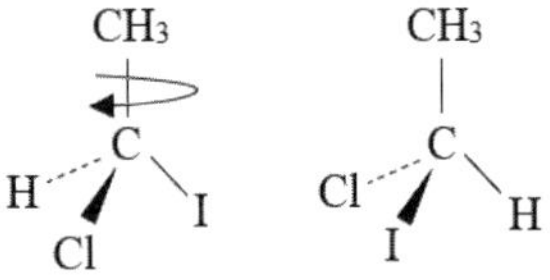

Remarque : Si la molécule possède au moins deux C, selon l'axe de la liaison CC observée on peut avoir une conformation décalée (tous les substituants aux deux C sont décalés les uns par rapport aux autres) ou éclipsée (tous les substituants des C sont en face l'un de l'autre).

Définition : On appelle **stéréoisomères de configuration** ceux qui passent de l'un à l'autre en brisant des liaisons chimiques. Ce sont deux molécules différentes.

Exemple : Représentation de deux stéréoisomères de configuration de la molécule $CHICl - CH_3$.

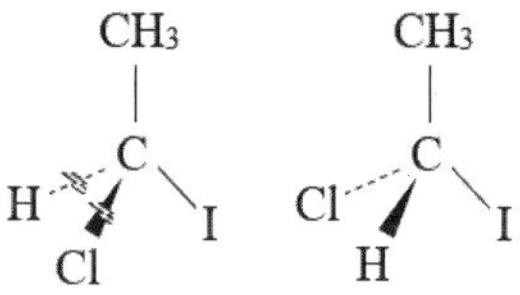

Propriétés :

- Lorsqu'une molécule possède 1 carbone asymétrique, alors elle possède 2 stéréoisomères de configuration appelés énantiomères.
- Lorsqu'une molécule possède 2 carbones asymétriques, il existe alors 4 stéréoisomères possibles ; s'ils sont images dans un miroir, ils sont **énatiomères**, et s'ils ne le sont pas, ils sont **diastéréoisomères**.

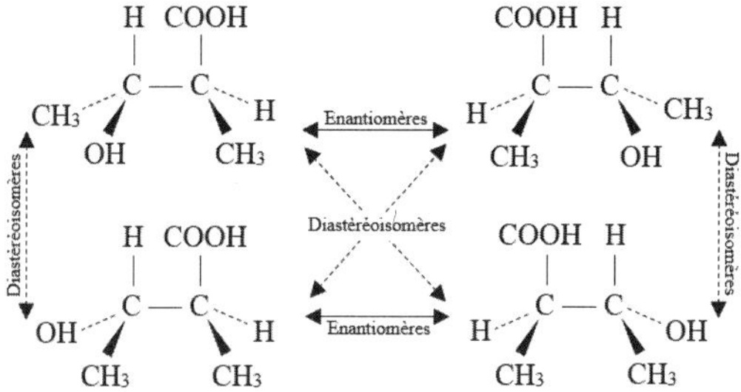

- Lorsqu'une molécule possède *n* carbones asymétriques, il y a alors 2^n stéréoisomères possibles sans axe de symétrie dans la molécule.

13.6 Transformations chimiques

En chimie organique, les transformations consistent à modifier la chaîne carbonée en l'allongeant, en la raccourcissant, en ajoutant des ramifications (groupes alkyles), ou en formant un cycle.

Les transformations peuvent aussi modifier les groupes caractéristiques des molécules.

Les trois grandes catégories de transformations sont :

- La **réaction de substitution**, un atome ou un groupe d'atomes est remplacé par un autre.

- La **réaction d'addition**, une molécule réactive est additionnée à une autre molécule qui contient en général une liaison multiple conduisant à un unique produit de réaction.

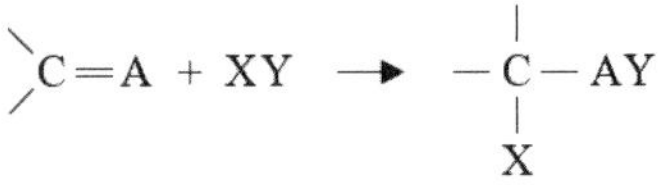

- La **réaction d'élimination**, des atomes ou groupes d'atomes portés par deux carbones voisins dans une molécule sont éliminés pour former une liaison multiple en général.

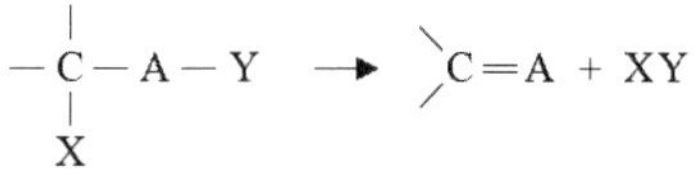

Ces réactions s'expliquent microscopiquement par des transferts de doublets d'électrons entre sites donneurs et sites accepteurs d'électrons.

Dans une liaison covalente entre deux atomes A et B d'électronégativité différente notée χ, on a polarisation de la liaison et apparition de charges partielles δ^+ et δ^- sur les deux atomes.

Propriété : Si $\chi(A) > \chi(B)$, alors on a une liaison covalente du type $A^{\delta^-}—B^{\delta^+}$.

Définitions :

- Un **site accepteur** de doublet est un atome porteur d'une charge positive ou partielle positive.
- Un **site donneur** de doublet d'électrons est un atome porteur d'une charge négative ou partielle négative. Il est porteur de doublets non liants.

Le mouvement de doublets d'électrons se fait des sites donneurs au site accepteur par **des flèches courbes**, entraînant la formation d'une liaison ou la rupture d'une liaison.

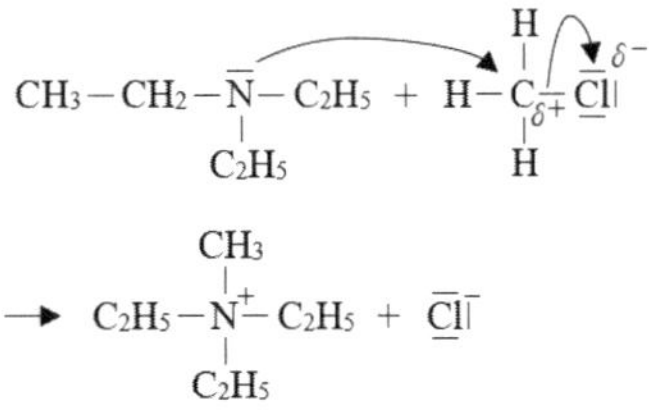

13.7 Synthèse

Une synthèse chimique suit un certain nombre d'étapes :

- **La réalisation de la synthèse** : cette étape consiste à mélanger les réactifs dans certaines proportions, avec ou sans catalyseur, dans un montage spécifique de type montage à reflux pour éviter les pertes de matière. Des conditions expérimentales doivent être suivies, comme la température, le solvant ou la pression.
- **L'extraction** : après la réaction, l'espèce chimique synthétisée se trouve mélangée au solvant, aux réactifs en excès, aux sous-produits de réactions et

au catalyseur... Il faut donc séparer cette espèce du mélange de fin de réaction en réalisant une filtration (si l'espèce est solide) ou une extraction par solvant (si l'espèce est liquide).

- **La purification** : cette étape permet d'éliminer les dernières impuretés, grâce à la distillation par exemple.
- **L'analyse** : elle permet de vérifier la molécule synthétisée par chromatographie ou par caractéristiques physiques (température de fusion,...).

Le rendement d'une synthèse η permet de déterminer l'efficacité de celle-ci ; il est le rapport entre la quantité de matière synthétisée n_{synt} (en mol) sur la quantité de matière maximale attendue $n_{\max}$ (en mol) : $\eta = \frac{n_{synt}}{n_{\max}}$.

Ce rendement est en général exprimé sous forme de pourcentage.

Chapitre 14
RÉACTIONS CHIMIQUES

14.1 Suivi de transformation

Définitions et remarques :

- Une **réaction chimique** est une transformation de la matière au cours de laquelle des **espèces chimiques** (atomiques, ioniques ou moléculaires), appelées **réactifs,** sont consommées et au cours de laquelle des espèces chimiques nouvelles apparaissent, **les produits**. Ces réactions peuvent être plus ou moins rapides. Une réaction rapide semble achevée dès que les réactifs sont entrés en contact ; une réaction lente peut durer de quelques secondes à quelques minutes.
- La **cinétique chimique** est l'étude du déroulement temporel d'une réaction. Différents facteurs cinétiques influent sur la vitesse de réaction, comme la concentration des réactifs, la température, la nature des solvants ou la présence de catalyseurs.
- Un **catalyseur** est une espèce qui accélère la réaction sans être consommée, elle se retrouve en fin de réaction sans avoir été détruite. La catalyse peut être **hétérogène**, **homogène** ou **enzymatique**.
- Afin de suivre l'évolution d'une réaction chimique, on se sert de **l'avancement de réaction** x (en mol). Celui-ci atteint sa valeur maximale $x_{\max}$ lorsque la

réaction est terminée ; le temps écoulé est alors t_f, durée de la réaction chimique.

- Le **temps de demi-réaction** $t_{1/2}$ est le temps nécessaire pour que la moitié de l'avancement maximal de réaction soit atteint et que la moitié de la quantité de matière de réactif limitant introduite n_0 soit consommée : $t = t_{1/2} \Rightarrow x = \frac{x_{max}}{2}$ et $n_{limitant} = \frac{n_0}{2}$

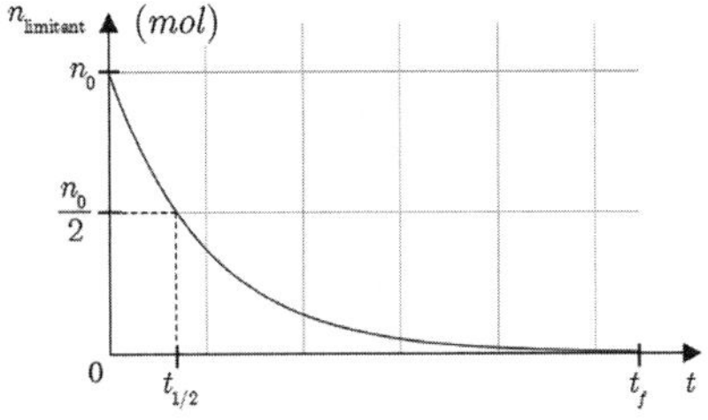

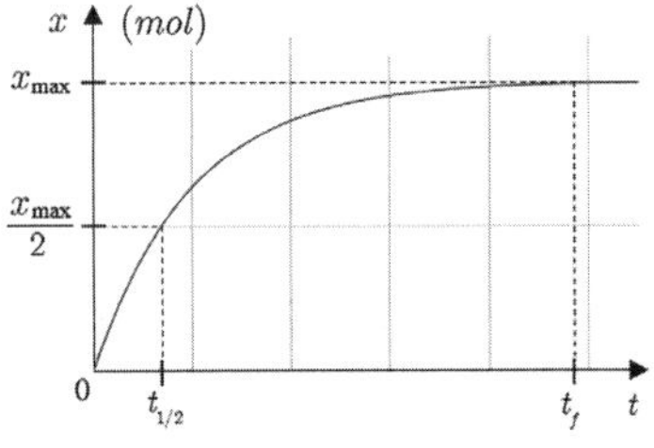

14.2 Réactions d'oxydoréduction

Les **réactions d'oxydoréduction** font appel à deux réactifs, un oxydant Ox_1 et un réducteur Red_2, les deux appartenant respectivement aux couples oxydant-réducteur Ox_1 / Red_1 et Ox_2 / Red_2. Au cours de la réaction, ces espèces vont s'échanger des électrons.

Un **couple** est formé par deux espèces capables de s'échanger entre elles n électrons : $\text{Oxydant} + n\,e^- \rightarrow \text{Réducteur}$

L'**oxydant** capte les électrons pendant que le **réducteur** les cède.

Les couples vont former au cours de la réaction leur espèce conjuguée selon deux demi-équations :

- une **réduction** : $Ox_1 + n_1\,e^- = Red_1$
- une **oxydation** : $Red_2 = Ox_2 + n_2\,e^-$

La réaction bilan s'obtient en additionnant les deux demi-équations, elle est appelée **réaction d'oxydoréduction**, $n_1 \times n_2$ étant le nombre total d'électrons échangés entre les deux réactifs : $n_2 Ox_1 + n_1 Red_2 \rightarrow n_2 Red_1 + n_1 Ox_2$

14.3 Réactions acidobasiques

Définitions :

- Les **réactions acidobasiques** font appel à deux réactifs, un acide HA et une base B, les deux appartenant respectivement aux couples acide-base HA/A et BH^+/B. Ces espèces au cours de la réaction vont s'échanger un proton H^+.

- Un **couple acide-base** est formé par deux espèces, dites **conjuguées**, qui sont capables de s'échanger un proton H^+ :

$$\text{base} + H^+ \rightleftarrows \text{acide}$$

- L'**acide**, noté soit HA ou BH^+, cède le proton pendant que la **base** B ou A^- le capte. Les couples vont former au cours de la réaction leur espèce conjuguée selon l'une des deux demi-équations :

$$B + H^+ \rightleftarrows BH^+$$

$$\text{ou } A^- + H^+ \rightleftarrows HA$$

- La **réaction bilan** s'obtient en additionnant les deux demi-équations, elle est appelée réaction acidobasique. Il y a deux cas :
  - soit cette réaction est **totale** (dans le cas des acides forts et bases fortes), alors :

$$B + HA \rightarrow BH^+ + A^-$$

  - soit cette réaction est un **équilibre** entre les produits et les réactifs (dans le cas des acides faibles et des bases faibles), alors :

$$B + HA \rightleftarrows BH^+ + A^-$$

14.4 Notion de pH

Définition : Le **pH**, défini par $pH = -\log[H_3O^+]$, est une grandeur sans unité qui permet de déterminer la concentration en ions H_3O^+ en $mol.L^{-1}$, dans une solution.

Remarque : On a donc : $[H_3O^+] = 10^{-pH}$

Toute solution aqueuse contient des ions H_3O^+ et des ions HO^- ; on dit que l'eau se dissocie suivant la réaction d'équilibre $H_3O^+ + HO^- \rightleftarrows H_2O$.

Définition : On appelle **produit ionique de l'eau** noté Ke le produit des deux concentrations des ions H_3O^+ et HO^- : $Ke = [H_3O^+] \times [HO^-] = 1,0 \times 10^{-14}$

Remarque : On a ainsi : $pKe = -\log(Ke) = 14$

Exemples :

- Dans **l'eau pure**, $[H_3O^+] = [HO^-]$, donc $-\log[H_3O^+] = -\log(Ke^{1/2}) = -\dfrac{1}{2}\log(Ke) = 7$, d'où $pH = 7$.
- Dans **une solution acide**, $[H_3O^+] > [HO^-]$, on a alors successivement $[H_3O^+] > \dfrac{Ke}{[H_3O^+]}$, $[H_3O^+] > Ke^{1/2}$ et $-\log[H_3O^+] < -\dfrac{1}{2}\log(Ke)$, d'où $pH < 7$.

- Dans **une solution basique**, $[H_3O^+] < [HO^-]$, on montre de même que l'on a $-\log[H_3O^+] > -\frac{1}{2}\log(Ke)$, d'où $pH > 7$.

14.5 Acides et bases forts

Définitions :

- Lorsqu'une réaction entre un acide HA et l'eau est totale, alors l'acide est dit **fort** :

$$HA + H_2O \rightarrow A^- + H_3O^+$$

- Lorsque la réaction entre une base B et l'eau est totale, alors la base est dite **forte** :

$$B + H_2O \rightarrow BH^+ + HO^-$$

Remarque : Le pH d'une solution d'acide fort de concentration en soluté acide apporté C est $pH = -\log(C)$. Celui d'une solution de base forte de concentration en soluté basique apporté C est $pH = 14 + \log(C)$.

14.6 Acides et bases faibles

Définitions :

- Lorsqu'une réaction entre un acide HA et l'eau conduit à un équilibre chimique, alors l'acide est dit **faible** :

$$HA + H_2O \rightleftarrows A^- + H_3O^+$$

- Lorsqu'une réaction entre une base B et l'eau conduit à un équilibre chimique, alors la base est dite **faible** :

$$B + H_2O \rightleftarrows BH^+ + HO^-$$

- On définit la **constante d'acidité** K_A du coupe acidobasique HA/A^- comme un rapport de concentration d'espèces produites sur les espèces réactives lors de la réaction d'équilibre d'un acide faible dans l'eau. C'est une mesure quantitative de la force d'un acide en solution aqueuse :

$$K_A = \frac{[A^-]_{éq}[H_3O^+]_{éq}}{[HA]_{éq}}$$

Remarques :

- Plus la constante K_A est élevée, plus l'acide se rapproche des acides forts.
- On a de fortes variations de K_A en fonction des différents couples acide-base ; pour pouvoir comparer les constantes d'acidité des différents acides, on utilise une échelle logarithmique de cette constante appelée pK_A, définie par $pK_A = -\log(K_A)$.

Conséquences :

- La relation entre pH et pK_A est la suivante :

$$pH = pK_A + \log\left(\frac{[A^-]_{éq}}{[HA]_{éq}}\right)$$

- Sur une échelle de pH, lorsque $[\mathrm{HA}]_{éq} = [\mathrm{A}^-]_{éq}$, alors $pH = pK_A$.
- L'espèce prédominante sera HA (resp. A^-) lorsque $pH < pK_A$ (resp. $pH > pK_A$).

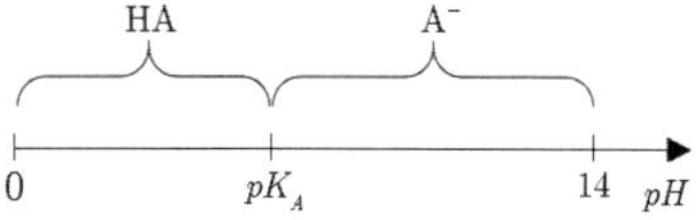

Chapitre 15
DOSAGES

15.1 Dosage par étalonnage

Définitions : Un **dosage par étalonnage** consiste à déterminer la concentration d'une espèce chimique en solution en comparant une grandeur physique (conductance, absorbance…) de la solution avec la même grandeur physique mesurée pour des solutions étalons (solutions dont on connaît avec précision la grandeur physique et la concentration). Parmi ces dosages, il y a :

- Le **dosage conductimétrique**, la grandeur physique mesurée étant alors la conductivité σ en siemens par mètre ($S.m^{-1}$). La conductivité est l'aptitude d'une solution à conduire le courant électrique ; cette solution est constituée d'ions et elle est appelée solution électrolytique.
- Le **dosage spectrophotométrique**, la grandeur physique mesurée étant alors l'absorbance A sans unité. Cette absorbance est utilisée en général pour des solutions colorées.

Loi (de Kohlrausch) : La conductivité σ d'une solution ionique diluée est proportionnelle à la concentration molaire ionique C (en $mol.m^{-3}$) en soluté apporté : $\sigma = kC$ (k en $S.m^2.mol^{-1}$)

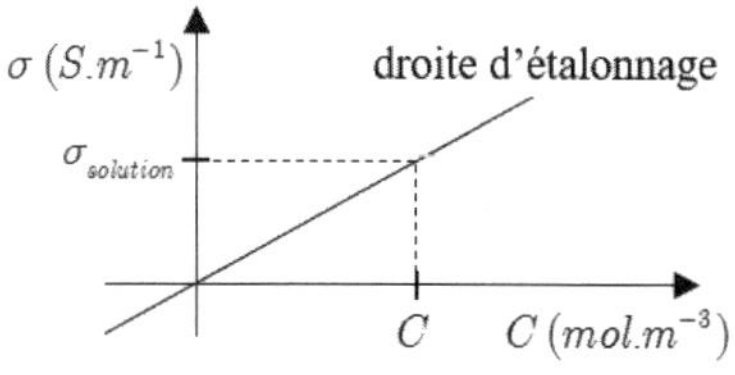

Loi (de Beer Lambert) : Pour une longueur d'onde λ donnée, l'absorbance d'une solution colorée est proportionnelle à la concentration C (en $mol.L^{-1}$) de l'espèce colorante : $A = kC$ (k en $L.mol^{-1}$)

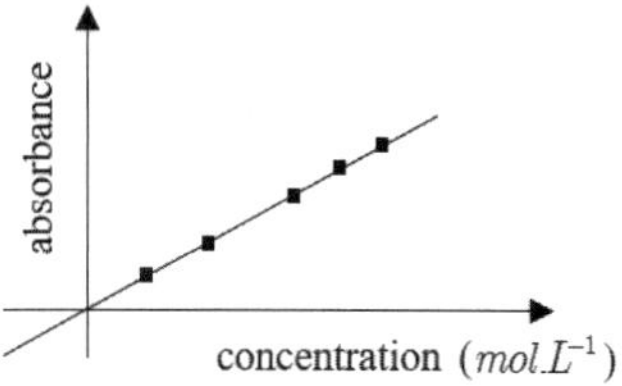

15.2 Dosage par titrage direct

Un **dosage par titrage direct** met en jeu une réaction chimique rapide et totale entre une espèce chimique titrante B dont on connaît la concentration c_B et une espèce chimique titrée A dont on veut déterminer la concentration c_A ; le volume de cette espèce est connu, c'est la prise d'essai v_A : $a\mathrm{A} + b\mathrm{B} \rightarrow c\mathrm{C} + d\mathrm{D}$

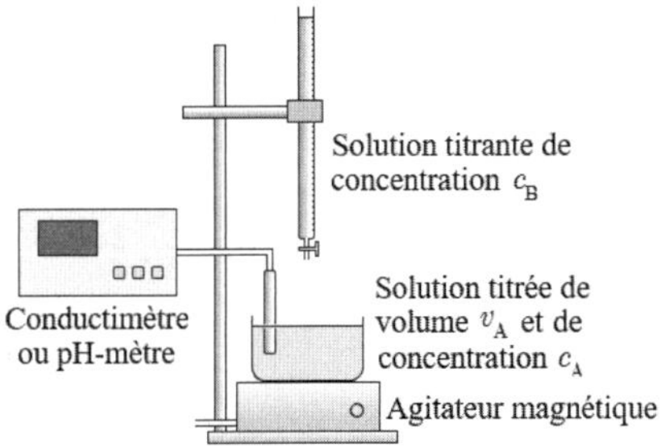

L'équivalence est atteinte lorsque les réactifs A et B sont totalement consommés.

Cette équivalence peut être repérée par conductimétrie. On observe alors deux portions de droites de pentes différentes ; l'intersection des deux est le point équivalent E.

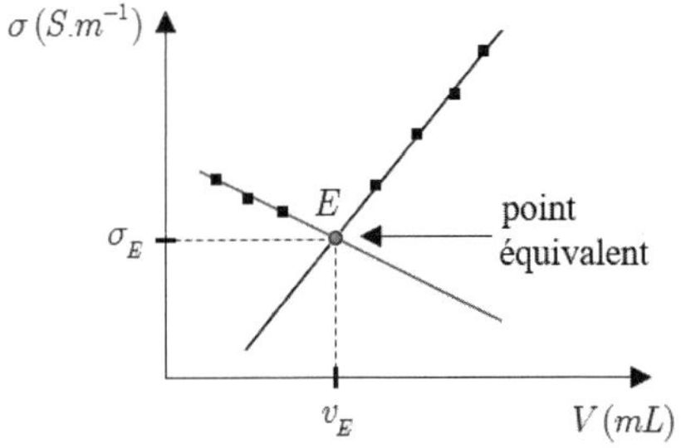

Cette équivalence peut être repérée par pHmétrie ; on observe un saut de pH sur la courbe :

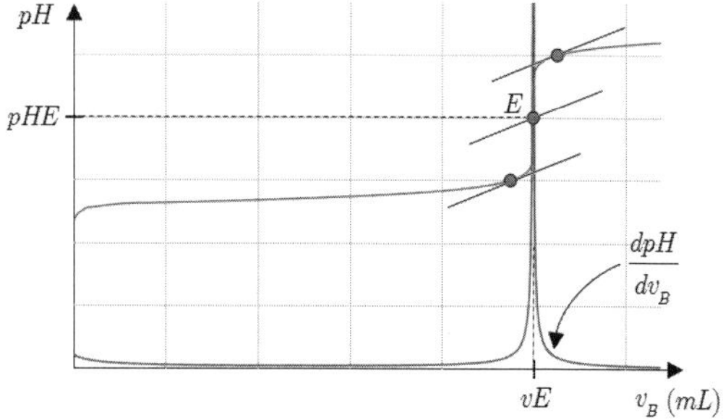

Ces deux techniques permettent de déterminer le volume de réactif titrant versé v_E à l'équivalence, pour lequel il ne reste plus de réactif. La relation d'équivalence sera $\frac{n_0(A)}{a} = \frac{n_E(B)}{b}$, d'où $\frac{c_A v_A}{a} = \frac{c_B v_E}{b}$.

ANNEXE
Constantes fondamentales

Vitesse de la lumière $c = 3,00 \times 10^{8}\ m.s^{-1}$

Charge élémentaire $e = 1,60 \times 10^{-19}\ C$

Nombre d'Avogadro $N_{A} = 6,02 \times 10^{23}\ mol^{-1}$

Constante de Planck $h = 6,63 \times 10^{-34}\ J.s$

Constante de Coulomb $k = 8,99 \times 10^{9}\ N.m^{2}.C^{-2}$

Constante gravitationnelle $G = 6,67 \times 10^{-11}\ N.m^{2}.kg^{-2}$